www.ingramcontent.com/pod-product-compliance
Lightning Source LLC
LaVergne TN
LVHW010404070526
838199LV00065B/5889
9789369086269

غالب، میر اور یگانہ

(تنقیدی مضامین)

باقر مہدی

© Baqar Mehdi
Ghalib, Meer aur Yagana *(Essays)*
by: Baqar Mehdi
Edition: February '2025
Publisher :
Taemeer Publications LLC (Michigan, USA / Hyderabad, India)

ISBN 978-93-6908-626-9

مصنف یا ناشر کی پیشگی اجازت کے بغیر اس کتاب کا کوئی بھی حصہ کسی بھی شکل میں بشمول ویب سائٹ پر اَپ لوڈنگ کے لیے استعمال نہ کیا جائے۔ نیز اس کتاب پر کسی بھی قسم کے تنازع کو نمٹانے کا اختیار صرف حیدرآباد (تلنگانہ) کی عدلیہ کو ہو گا۔

© باقر مہدی

کتاب	:	غالب، میر اور یگانہ (مضامین)
مصنف	:	باقر مہدی
صنف	:	تحقیق و تنقید
ناشر	:	تعمیر پبلی کیشنز (حیدرآباد، انڈیا)
سالِ اشاعت	:	۲۰۲۵ء
صفحات	:	۱۰۲
سرورق ڈیزائن	:	تعمیر ویب ڈیزائن

فہرست

(۱) غالب: شخصیت اور شاعری - نئے مطالعے کے امکانات 6

(۲) غالب اور تشکیک 31

(۳) غالب: خوف پر قابو پانے کی ایک کوشش 51

(۴) میر تقی میر اور ہم 64

(۵) یگانہ آرٹ 81

غالب: شخصیت اور شاعری:
نئے مطالعے کے امکانات

ہوئی مدت کہ غالب مر گیا، پر یاد آتا ہے
وہ ہر اک بات پر کہنا کہ یوں ہوتا کیا ہوتا؟

پتا نہیں غالب کے اس شعر کو اچھے اشعار میں شامل کیا جا سکتا ہے یا نہیں، اس لیے کہ ایک حلقہ ان کے علامتی اور استعاراتی اشعار ہی کو ان کے اچھے اشعار سمجھنے اور سمجھانے پر مصر ہے اور دوسرا حلقہ صرف بیانیہ اشعار ہی کو غالب کا "اصلی" رنگ سمجھتا ہے۔ مجھے یہ شعر اس لیے پسند ہے کہ غالب کا یہ شعر ایک روشن دماغ اور سوالیہ ذہنیت کا نمائندہ ہے۔ میری ناچیز رائے میں ہر مسئلے اور اس سے وابستہ سوالات کا حرف آغاز "یوں ہوتا تو کیا ہوتا" میں پنہاں ہے۔ یہی وجہ ہے کہ میرے لیے غالب کا یہ شعر انوکھی کشش رکھتا ہے۔

میں نہ تو غالب کا ماہر ہوں اور نہ ہی میں نے غالبیات کے سلسلے میں لکھی گئی ساری کتابیں اور مضامین پڑھے ہیں، ہاں چند کتابوں اور چند مضامین کا مطالعہ کیا ہے اور کلیات غالب (ڈاکٹر گیان چند نسخہ عرشی کو اسی نام سے یاد کرتے ہیں اور میں

سمجھتا ہوں کہ یہ صحیح بھی ہے) کا مطالعہ کرنے کا شرف ضرور حاصل ہے، اس لیے میں اپنے "پراگندہ ذہن" کی مدد سے چند باتیں لکھنے کی جرأت کر رہا ہوں۔ غالب کے ماہرین اور محققین سے بہ صد عجز عرض ہے کہ دیوانے کی ہو بھی کبھی کبھی قابل توجہ ہوتی ہے۔

مجھے ہمیشہ کی طرح غالب کی شخصیت کا مطالعہ ایک ایسے ڈیلیما سے دوچار کرتا ہے جس کا حل آسان نہیں ہے۔ غالب کے محققین نے ان کی شخصیت کے اتنے ایکسرے XRAY پیش کیے ہیں کہ ان کی زندگی کے شب وروز کبھی دھوپ اور کبھی چاندنی کی طرح تیز گرم، روشن اور ٹھنڈے دھندلے عکس نظر آتے ہیں مگر محققین کی اس "کامیابی" کے باوجود غالب کی شخصیت کے سارے پیچ وخم کھل کر سامنے نہیں آتے ہیں۔ غالب سے مکمل تعارف بھی ایک قسم کی پر اسراریت کو قائم رکھتا ہے، ایسا معلوم ہوتا ہے کہ ان کا مکمل تجزیہ ہمیشہ تشنہ ہی رہے گا۔ غالب اپنے اشعار اور خطوط میں اتنا عریاں نہیں ہیں جتنا کہ قیس تصویر کے پردے میں تھا، اس لیے کہ قیس تو ایک ایک رخا عاشق اور غالب "مجموعہ اضداد" ہیں اور یہی رنگارنگی ہے جو ہم لوگوں کے لئے 'سوہان روح' بن گئی ہے۔

اگر اس پر یقین آجائے کہ ان کی شخصیت کا جائزہ ممکن ہی نہیں ہے تو بحث ختم ہو جاتی ہے اور ان کی شاعری کے بارے میں یقین سے رائے دی جا سکتی ہے مگر ناتمامی اور تشنگی کا یہ مسلسل احساس ہی ان کی شخصیت اور شاعری کو اور بھی قابل توجہ بناتا ہے۔ جشن غالب (۱۹۶۹ء) کے بعد یہ خیال کیا جاتا تھا کہ نئے ناقدین غالب پر 'حملہ آور' ہوں گے اور غالب کی پرانی آرزو یعنی "اڑیں گے پرزے" پوری

ہو گی۔ تماشا تو خوب دھوم سے ہوا مگر کچھ نہ ہوا۔ مجھے ایسا معلوم ہوتا ہے کہ غالب آج بھی اردو تنقید پر خندہ زن ہیں۔ میری کیا بساط ہے کہ میں ان کی دیرینہ آرزو پوری کروں، میں تو صرف اتنا کہہ سکتا ہوں،

رکھیو غالب مجھے اس تلخ نوائی میں معاف
آج کچھ درد مرے دل میں سوا ہوتا ہے

غالب کی شخصیت پر لکھے گئے درجنوں مضامین، غالب کے خطوط اور ان کی شاعری کا تمام تر مطالعہ مجھے اس نتیجے پر پہنچاتا ہے کہ وہ ایک Precocious Child تھے، کم عمری میں بالغ ہو گئے تھے۔ بچوں کی نفسیات کے ایک امریکی ماہر ڈاکٹر اسپاک Dr. Spock کا خیال ہے کہ ایسے ذہین بچے اکثر اپنی ذہانت کا خود شکار ہو جاتے ہیں اور بہت جلد تازگی اور ندرت کھو بیٹھتے ہیں۔ یہ بچے شاید ان غنچوں کی طرح ہیں جو کھلتے ہی مرجھا جاتے ہیں مگر غالب اس تجزیے سے مستثنا نظر آتے ہیں۔ وہ خاصی کم سنی میں فارسی اور اردو زبانوں میں اعلیٰ پائے کے شعر موزوں کرنے کے اہل ہو گئے تھے، یہی نہیں پندرہ برس کی عمر میں وہ آفات زمانہ کی تلخیوں سے بھی لطف اندوز ہونے کا سلیقہ جان گئے تھے۔ ان کے خطوط ان کی کھلی ہوئی شخصیت Open Personality کی اچھی مثالیں ہیں مگر اس کے باوجود اپنی شخصیت کے سارے پہلو عیاں نہیں کرتے ہیں۔

وہ اپنی انا کے ساتھ خاکساری کے جواہر بھی پیش کرتے ہیں، وہ دوستوں کے دوست اور دشمنوں کے دشمن ہونے کے باوجود دوستی کے حدود اور دشمنی کی بیکرانی سے واقف ہیں۔ وہ شخص جو کم سنی میں یتیم ہو گیا ہو، جس کو اپنی ماں سے کوئی خاص

محبت بھی نہ ہو، جس نے کم عمری سے آزادانہ جنسی زندگی گزاری ہو اور جو اپنی شخصیت کی تعمیر میں اتنا کوشاں بھی نہ ہو کہ ہر قدم پر احتیاط کرتا ہو، ایسے شخص کی زندگی سے ساری نقابیں اٹھ جائیں تو وہ عریاں نظر آئے گا مگر غالب پھر بھی اپنی شخصیت کا کوئی نہ کوئی پہلو چھپا جاتے ہیں۔ جان بوجھ کر اپنے کو چھپانے والا شخص سہما ہوا اور اکثر بکتربند نظر آتا ہے۔

غالب کی بے پناہ ذہانت ان کا مطالعہ کرنے والی نظروں کو خیرہ کر دیتی ہے۔ اگر یہ معلوم بھی ہو جائے کہ وہ بذلہ سنج تھے، شاعر نغز گو تھے، ہشت پہلو شخصیت رکھتے تھے، پھر بھی یہ احساس کیسے قائم رہتا ہے کہ غالب سے ملے لیکن غالب کو نہ سمجھ پائے۔ مجھے دو ایک ماہر غالبیات سے ملنے کا اتفاق ہوا ہے اور میرے مسلسل سوالات کے بعد بھی وہ میری تشفی نہیں کر سکے۔ غالب کی شخصیت میں خود پر خندہ زن ہونے کی جو بے مثال صلاحیت ہے وہ انہیں (شاید) پراسرار بنائے رکھتی ہے۔ حالی کے "حیوان ظریف" کی ذہانت، فطانت اور ندرت تجزیہ نگار کو مبہوت کر دیتی ہے۔ آپ لاکھ ان کی شخصیت کو مختلف خانوں میں بند کرنے کی کوشش کریں وہ بند بھی نظر آتے ہیں اور نہیں بھی۔ اور ان کی شخصیت کے ایک پراسرار پہلو پر تیز شعائیں ڈالی جائیں یعنی ان کے طنز و مزاح کا گہرا تجزیہ کیا جائے تو وہ کبھی ایک دل جلے کی ہنسی ہنستے ہیں جیسے،

اور بازار سے لے آئے اگر ٹوٹ گیا
ساغر جم سے مرا جام سفال اچھا ہے

مگر یہ تبسم بھی پھیکا نہیں ہے اور معنی خیز ہے اور کبھی ایک ایسے دانشور کے

تبسم زیر لب کا احساس ہوتا ہے جو دل ہی دل میں قہقہے لگاتا ہے مگر اس کے چہرے کی سنجیدگی پوری طرح قائم رہتی ہے، صرف آنکھوں کی چمک شوخ تر نظر آتی ہے،

کیوں نہ فردوس میں دوزخ کو ملالیں یارب
سیر کے واسطے تھوڑی سی فضا اور سہی

وہ شخصیت جو اپنے "یارب" سے اتنے گہرے دوستانہ مراسم رکھتی ہو، اس کی وسعت اور گہرائی کا اندازہ لگاناع، دشوار تو یہی ہے کہ دشوار بھی نہیں۔ مطلب یہ ہے کہ غالب کی آزادانہ شخصیت اپنی آزادی کے حدود سے واقف تھی۔ وہ زخمی ہو کر اپنا ضبط و غم نہیں کھوتے بلکہ اپنی شکست کو بھی ایسے طنز آمیز تبسم سے قبول کرتے ہیں کہ فاتح بھی ان کو دیکھ کر دنگ رہ جائے۔ چارلی چپلین نے اپنی خودنوشت سوانح عمری میں کہیں لکھا ہے کہ "وہ مسخرہ کس کام کا جو دوسروں کو صرف ہنسا سکے۔" غالب تبسم کی زیریں لہر میں خاموش غم کو بھی اس طرح سمونے کا فن جانتے تھے کہ آدمی دکھی ہو کر بھی ان کی خندہ زنی میں شریک ہو جاتا ہے، بے دلی سے نہیں بلکہ کشادہ دلی سے،

ناکردہ گناہوں کی بھی حسرت کی ملے داد
یارب اگر ان کردہ گناہوں کی سزا ہے

اور اس شعر کا "اگر" گناہوں پر سوالیہ نشان لگا دیتا ہے۔ ناکردہ گناہوں کو جنسی تلذذ کی خواب بندی کہا جا سکتا ہے۔ غالب کی شخصیت کا بنیادی مطالعہ ہمیں حیرت میں ڈال دیتا ہے۔ وہ یتیم تھے مگر ان کا بچپن محرومیوں سے بہت دور تھا۔ انہیں اپنے باپ کی یاد بھی بہت کم آتی ہے گو کہ خطوط میں وہ اپنے باپ اور چچا کی

موت کا اکثر ذکر کرتے ہیں۔ خورشید الاسلام کا خیال ہے کہ "افسردگی اور تصوف سے دلچسپی کے اسباب ان کے تجربوں میں ڈھونڈنے چاہئے۔" یعنی یتیمی، کم عمری کی شادی اور ۲۵ برس کی عمر میں عشق۔ میری ناچیز رائے یہ ہے کہ بچے کو اگر شروع میں محرومی کا احساس نہ ہو تو یتیم ہونے کے باوجود اپنے والد کے سایے کا خواہاں نہیں رہتا ہے بلکہ اس پودے کی طرح تیزی سے بڑھتا اور پروان چڑھتا ہے جس پر کوئی برگد سایہ فگن نہیں ہوتا ہے، کیونکہ غالب کی شخصیت میں وسیع المشربی، رندی، شوخی اور طنز کے جو بنیادی عناصر ہیں وہ اسی وجہ سے اتنے گہرے اور پائدار ثابت ہوتے ہیں کہ ان کی ترقی میں کوئی روک ٹوک نہ تھی۔

جنس کا مطالعہ کرتے ہوئے یہ بات یاد رکھنی چاہئے کہ اس کو عام بنے بنائے پیمانے سے نہیں ناپا جا سکتا، اس لیے خورشید صاحب نے شخصیت کے نقوش اجاگر کرنے کے لیے جو پیمانہ بنایا ہے وہ اپنی جگہ تمثیلی ہوتے ہوئے بھی غالب کے لیے نامناسب ہے۔ ان کی کم عمری میں شادی بھی اسی لیے کی گئی تھی کہ انہیں آزادانہ زندگی بسر کرنے سے روکا جا سکے۔ اسی لیے انہوں نے شادی کو 'بیڑی' کہا ہے، ورنہ وہ اپنی بیوی سے محبت نہ کرتے ہوئے بھی نفرت نہیں کرتے تھے۔ اس کا ثبوت اولادیں ہیں۔ ہاں ان کے عشق کے سلسلے میں قیاس آرائیاں کی جا سکتی ہیں۔ حمیدہ سلطان نے ایک مضمون میں لکھا تھا کہ "امراؤ بیگم نے ان کے (غالب کے) ذوق شعر کو بلند کیا، کردار کو پاکیزگی بخشی، آگرے کی بے راہ روی اور رنگ رلیاں دلی کے مستقل قیام کے بعد تقریباً ختم ہو گئیں۔" حمیدہ سلطان کے اس بیان پر ڈاکٹر عبدالسلام خورشید نے صحیح نکتہ چینی کی ہے، اس لیے کہ آگے چل کر خود حمیدہ

سلطان یہ بھی کہتی ہیں کہ ترک نامی ایک خاتون تھی جس سے مرزا کا عشق تھا۔ محترمہ کے الفاظ ہیں،

"مرزا کی شاعری کا بے مثل حسن، انفرادی بانک پن جس نگہ ناز کا عطیہ ہے، مرزا کے فکر کو جس دلکش خیال نے رنگینی و دل آویزی بخشی، اس شعلہ خو حسینہ کے حسن صورت پر ہی نہیں حسن سیرت و ذہانت پر بھی مرزا فریفتہ تھے۔ بہت ممکن ہے کہ غالب کے ہر شعر میں جو دل کی دھڑکن سنائی دیتی ہے، وہ ترک کا عطیہ ہو۔"

(اقتباس از مضمون ڈاکٹر عبد السلام خورشید، نقوش غالب نمبر ص ۳۶۸، ۱۹۶۹ء)

یہ ایک بیوہ خاتون تھیں۔ ان سے غالب کا عشق ثابت کرنا ایک قسم کی قیاس آرائی ہے۔ اصل میں غالب کا کوئی ایک محبوب نہیں ہے۔ وہ نہ بھونرے ہیں اور نہ مگس، ان میں ان دونوں کی ایک ایک خوبی ہے یعنی حسن پرستی مگر یہاں بھی غالب کی دانشورانہ طراری کبھی سپر نہیں ڈالتی، وہ اپنے آپ کو کسی حسین سے کمتر نہیں سمجھتے تھے اور یہ خودنگری اور خودسری اس انا کو جنم دیتی ہے جو ان کی ہمیشہ ممد و معاون رہی اور تیز ابی ذہانت کے ساتھ ساتھ وہ درد مند دل بخشا کہ اس کو کسی ایک نفسیاتی پیمانے سے نہیں ناپا جا سکتا ہے۔ کہا گیا ہے کہ جینیس خود اپنا پیمانہ لے کر آتا ہے، جبھی تو غالب کی کم سنی، جوانی اور عمر کی خستگی کا اندازہ ایک پیمانے، ایک نظریے اور ایک معیار سے نہیں لگایا جا سکتا ہے۔ غالب کی شخصیت کو سمجھنے کے لیے غالب سے مستعار لے کر معیارات قائم کرنے ہوں گے، اس لیے کہ وہ صرف فخر عرفی اور رشک طالب نہیں تھے بلکہ ان سے اپنا الگ معیار رکھتے تھے۔

آج تک شیکسپیئر کی شخصیت کا مکمل جائزہ نہ لیا جا سکا، گو کہ رویزے نے نہایت

طویل سوانح عمری بہت دقیق نظری سے لکھی ہے، اس لیے کہ جینیس کی شخصیت کے سارے پیچ وخم واضح ہو کر بھی کہیں نہ کہیں پنہاں رہ جاتے ہیں اور یہ وہی گوشے ہیں جو وقت کی آہنی دیوار کو بار بار توڑنے میں مدد دیتے ہیں۔ غالب کے خطوط کی مدد سے تیار کی ہوئی ان کی سوانح حیات اسی لیے ان کی ہشت پہلو شخصیت کو بے نقاب نہیں کر پاتی ہے کہ خط ذہن وروح کے یک طرفہ آئینے ہیں اور صرف اس لمحے کے موڈ کو پیش کرتے ہیں جبکہ خط لکھا جا رہا تھا۔ ابوالکلام آزاد کے خطوط غبار خاطر سے ان کے جیل کے کچھ حالات، ان کا مذاق سخن تو معلوم ہو جاتا ہے مگر ان کی پراسرار شخصیت پر آج تک نقاب پڑی ہوئی ہے۔

غالب اردو شاعروں میں سب سے کشادہ دل، بلند رو، عمیق شخصیت کے مالک ہیں۔ ان میں انسانی کمزوریاں بھی ہیں یعنی رشک وحسد، کمینگی، بزدلی، غیبت وغیرہ کے عناصر بھی ہیں، اس لیے کہ ان سے پاک ہو کر وہ بھی فرشتہ یا شیطان بن جاتے، مگر ان میں جینیس کی ذہانت، ایک مفکر کی بصیرت اور ایک بڑے شاعر کی غنائیت بھی بدرجہ اتم موجود ہے۔ حالی سے خورشید الاسلام تک غالب کو جس انداز سے بے نقاب کرنے کی کوشش کرتے ہیں اس سے پتا چلتا ہے کہ یہ تہیہ کر کے چلے ہیں کہ آج مرزا کے "پرزے" اڑائیں گے، مگر غالب کی شخصیت اگر اپنی پراسراریت مکمل طور سے کھو دے تو پھر وہ ایک جینیس کی شخصیت نہیں ہو گی بلکہ ایک اعلیٰ درجے کے شخص کی شخصیت بن کر رہ جائے گی اور غالب کو اس کا شروع سے علم تھا کہ وہ غیر معمولی شخصیت کے مالک ہیں، اسی لیے انہوں نے اپنے فارسی قطعے میں اس کا اظہار بھی کیا ہے کہ ان کے ہم عصر ان کی زبان تک سے ناواقف ہیں۔

ظاہر ہے کہ ان کا اشارہ اردو کے غزل گو شعرا کی طرف تھا۔ وہ ایک بار یہ بھی کہہ چکے ہیں کہ کچھ نہیں تو علی حزیں تک تو میں پہنچ گیا ہوں۔ ان میں خاکساری کے ساتھ تفخر، نیاز مندی کے ساتھ بانکپن اور خود ستائی کے ساتھ خود تنقیدی کے غیر معمولی عناصر ملتے ہیں، جب ہی تو ان کی شخصیت آج بھی قدرے نئی اور روشن نظر آتی ہے گو کہ ان کی شاعری کا ایک اہم حصہ اپنی تروتازگی کھو چکا ہے، پھر بھی غالب کی شخصیت میں جلال اور جمال ابھی بڑی حد تک باقی ہے۔

میں سمجھتا ہوں کہ غالب کی شخصیت کا مطالعہ کرنے کے لیے اس دور کے تاریخی معرکوں، ماحول، تہذیبی فضا اور جدید نفسیاتی آلات سے مدد مل سکتی ہے مگر پوری کامیابی کی امید کم ہے اور اسی طرح کی ناتمام اور ناکام کوششیں ہی غالب کی دل آویزی کو برقرار رکھے ہوئے ہیں کیونکہ انسانی فرد کے سارے پیچ و خم معلوم بھی ہو جائیں تو بھی اس کا الگ الگ جائزہ مکمل شخصیت کو جنم نہیں دے سکتا ہے، زیادہ سے زیادہ یہ کہا جا سکتا ہے کہ غالب ایک جینیس تھے، وہ کم عمری میں رنگ رلیوں میں غرق نہیں ہوئے، تصوف بھی انہیں پوری طرح اپنا نہ سکا اور روزانہ زندگی کے نشیب و فراز بھی انہیں پستہ قد کرنے میں ناکام رہے۔

یہی نہیں مفلسی بھی انہیں صرف رسوا کر سکی مگر شکست نہ دے سکی، اس لیے کہ غالب کی انا ان کی بے پناہ آزادانہ شخصیت کی پروردہ تھی، وہ زخمی ہو کر حتیٰ کہ مر کر پھر زندہ ہوتی تھی۔ قماربازی، رندی، تصوف سے گہری دلچسپی، اپنے چاروں طرف پھیلی ہوئی نراجانہ زندگی اور اس کے تجربات اپنے اندر جذب کرنے کی غیر معمولی صلاحیت رکھتی تھی۔ میری کیا بساط ہے کہ میں اس شخصیت کو سمجھنے کا

دعویٰ کروں، ہاں اتنا جانتا ہوں کہ یہ دیو قامت شخصیت ہر طرح کے انسانی جذبے اور فکر سے معمور ہونے کے باوجود ہر جذبے اور فکر سے بلند بھی ہے اور یہی اس کی دل کشی اور کشش کا راز ہے۔

شخصیت کے مطالعے میں گفتگو یہیں پر ختم نہیں ہوتی۔ ایک قدم دشت امکاں میں اور رکھنا چاہئے۔ آخر غالب کا شعور بھی تو "ہدف ملامت" بنتا رہا ہے۔ احتشام حسین ایسے اہم ترقی پسند ناقد، غالب کے تفکر کی جولان گاہ کو ان کے شعور سے ہی پہچاننے کی کوشش کرتے ہیں۔ ان کا خیال ہے (احتشام صاحب کے الفاظ) "اصل چیز جو غالب کے شعور کو پرکھنے کی کسوٹی بن سکتی ہے، ۱۸۵۷ء کا غدر ہے کیونکہ غدر نے ہندوستان کو قدیم وجدید میں تقسیم کر دیا۔ ایک طاقت کی جگہ دوسری طاقت کو لا بٹھایا، جو نئے تصورات زندگی اور نئے سائنسی نظام کی علمبردار تھی۔" (نقد غالب ص ۱۶، مرتبہ مختارالدین آرزو)

اس کے بعد احتشام صاحب نے تفصیل سے غالب کی مختلف آرا اور غدر سے متعلق ردعمل کا دستنبو کی مدد سے ذکر کیا ہے اور اس نتیجے پر پہنچے ہیں کہ غالب کوئی گہری سیاسی رائے نہیں رکھتے تھے (ص ۱۹) ممتاز حسین بھی غالب کے مطالعے میں غدر سے متعلق غالب کو انگریز پرستی کے الزام سے بری کرنے کی پوری کوشش کرتے ہیں۔ عام لوگ یہی چاہتے ہیں کہ غالب کو وطن پرست ثابت کر دیا جائے مگر مجبوری یہ ہے کہ غالب ایک تو سیاسی آدمی نہ تھے، دوسرے وہ سیاسی حالات سے بے حد متاثر ہونے کے باوجود اپنے شعور کو ان حالات کے جانچنے کی کسوٹی نہیں بننے دیتے تھے۔ اگر یہ ثابت بھی ہو گیا کہ غالب مجبوراً انگریز پرست تھے یا یہ یقین دلایا

جائے کہ وہ محب وطن تھے تو ان کے شعور کی گہرائیوں کا کیسے پتہ چل سکتا ہے۔

سیاسی شعور خاص کر انیسویں صدی کے ہندوستان کا سیاسی شعور کم از کم غالب کے شعور کی کسوٹی نہیں بن سکتا ہے۔ ان کے شعور کی تکمیل تو پہلے ہی ہو چکی تھی۔ غدر کے وقت وہ پختہ شعور رکھتے تھے۔ معاف کیجئے مجھے یہ لفظ بھی پسند نہیں ہے۔ مگر کیا کیا جائے کہ اس سے ان کے شعور کو کسی حد تک سمجھنے میں مدد ملتی ہے، اس لیے استعمال کر رہا ہوں، وہ لفظ ہے Pragmatist یعنی وہ ہر مسئلے کو اس کے تناظر میں رکھ کر اپنی رائے قائم کرتے تھے جو انہیں اس وقت حقیقت پسندانہ نظر آتی تھی۔ انہوں نے بادشاہ کے نام کا سکہ نہیں لکھا تھا مگر وہ غدر کے دوران دربار میں ضرور حاضر ہوئے تھے۔ غدر کی ناکامی کے بعد انہوں نے انگریزوں سے اپنی بے گناہی ثابت کرنے کی بڑی جدوجہد کی، اس کے باوجود ان پر انگریز پرستی کا الزام لگانا صحیح نہیں ہے، اس لیے کہ اس دور میں ایسا کرنا صحیح معلوم ہوتا تھا۔

اس سے ان کی خودداری مجروح ضرور ہوئی ہے، مگر ان کا شعور بقا کے طریقوں اور حالات کے مطابق خود محفوظیت کے ذرائع سے واقف تھا۔ احتشام صاحب لینن کا قول دہرا کر غالب کو بچانا چاہتے ہیں اور ممتاز حسین گٹیے کے خط کا اقتباس دے کر غالب کی شخصیت کو بری الذمہ قرار دیتے ہیں۔ حیرت ہوتی ہے کہ یہ دونوں مارکسی ناقد غالب کی شخصیت کے اس نازک پہلو کو سمجھ نہیں پائے ہیں کہ غالب کو اپنی بقا کے لیے کوئی نہ کوئی پناہ گاہ ڈھونڈنی تھی۔ وقتی مفاہمت تو استالین ایسے اکبر نے نازیوں سے بھی کی تھی اور بے چارے غالب تو "سیاسی عذاب" میں مبتلا ہونے کے باوجود ہوا کے رخ کو پہچانتے تھے۔

ان کے شعور کو سمجھنا ہے تو شروع سے ان کی شخصیت کے ان پہلوؤں پر نظر رکھنی ہوگی جس میں خود سری کے ساتھ خود تنقیدی بھی شامل ہے۔ وہ اپنے قریبی دوست مولوی فضل حق خیر آبادی کے سلسلے میں ایک خط لکھ چکے تھے کہ مولوی صاحب میں مسلمان کی تعریف میں تعصب تھا، یعنی مولوی صاحب تنگ نظر مسلمان تھے۔ غالب کی آزاد روی انہیں مفاہمت پر مجبور تو کر سکتی تھی مگر ذلیل نہیں۔ اسی لیے وہ محروم ہو کر بھی بڑے بانکپن سے زندہ رہے۔ وہ یقیناً مشرقی مسلمان، دہلی کے رہنے والے شہری تھے، مگر جیسا کہ میں نے عرض کیا ہے کہ غالب کسی خانے میں بند ہو کر نہیں رہ سکتے تھے، ان کا شعور انہیں مقید نہیں کر سکتا تھا، وہ زندگی میں بقا کے بنیادی اصول سے واقف تھے۔

یہیں پر آ کر ان کے منفی اور مثبت پہلو یکجا ہو جاتے ہیں اور وہ پورے آدمی سے بلند ہو کر ایک فکری شخصیت میں تبدیل ہو جاتے ہیں اور ان کے گرد وہ ہالہ بن جاتا ہے کہ جیلانی کامران انہیں صوفی شاعر ثابت کرنے میں اپنی ساری قابلیت صرف کر دیتے ہیں۔ ایک اور نئے ناقد وزیر آغا غالب کی آوارہ خرامی سے یہ اندازہ لگاتے ہیں کہ انہیں جگہ جگہ کے سفر کا بڑا شوق تھا۔ یہ سارے اجزا ان میں صرف اجزا تھے، ان کے کل میں ان کا دخل تھا مگر غالب کے شعور میں بنیادی خوبی خود تنقیدی کی تھی۔ جب وہ بیدل سے متاثر ہو کر اس سے الگ ہوئے، عرفی کو چاہا، مگر وہاں بھی قیام نہ کیا۔ غالب کی شخصیت ایک مرکز کو اپنا محور بنا کر پروان نہیں چڑھی تھی، یہ خود مختارانہ شخصیت تھی، ماحول سے اثر پذیر ہو کر اس سے بلند ہو جاتی تھی، اس طرح اس میں غیر معمولی بغاوت اور مفاہمت دونوں کے عناصر شیرازہ بند ہو گئے

تھے۔ ان کی شخصیت کے ادوار قائم کر کے انہیں ٹکڑے ٹکڑے میں تحلیل کرنا صحیح نہ ہوگا، اس لیے کہ یہ ٹوٹ کر بھی کبھی پارہ پارہ نہیں ہوئی۔ اسی لیے غالب کی شخصیت میں اعلا اقدار کے ساتھ ساتھ اسفل انسانی جواہر بھی یوں مل گئے ہیں کہ یہ ہیرا بھی ہے اور پتھر بھی۔

اردو میں ہی کیا شاید ہندوستان کی دوسری زبانوں میں بھی سوانح عمری کا فن ابھی ابتدائی مراحل سے گزر رہا ہے۔ ایک ہندوستانی ماہر نفسیات پروفیسر ککر نے نیپوال کو ایک خط میں لکھا تھا کہ یہاں ہندوستان کا ماحول ہی ایسا رہا ہے کہ کسی صحت مند بلند شخصیت کا پروان چڑھنا تقریباً ناممکن ہے۔ یہ خط نیپوال کی کتاب زخمی تہذیب The Wounded Civilization میں شامل ہے اور غالب کی شخصیت ناممکن کی دیوار کو بہت پہلے ہی کم سنی میں اپنے پہلے تشکیلی دور میں توڑ چکی تھی۔ یہ دوسروں کی رہنمائی میں نہیں ابھری تھی، اس کی پرداخت میں غالب کا اپنا ذہن کار فرما تھا، اسی لیے یہ غم کی گہرائیوں میں ڈوبنے کا حوصلہ رکھتی تھی اور اس کا اپنا ہنر تھا۔ یہ خود پر خندہ زن ہونے کا سلیقہ رکھتی تھی۔

افسوس ہے کہ غالب کو سمجھنے والے ابھی تک دقیانوسی حضرات ہیں جو خود طرح طرح کے Complexes میں مبتلا ہیں۔ میں جارحانہ جملہ لکھنے کی معذرت چاہتا ہوں مگر حقیقت مجھے یہ لکھنے پر مجبور کرتی ہے۔ ہمارا ماحول پہلے سے زیادہ تنگ نظر اور تنگ دل ہے۔ غالب کیا، ہم تو اپنے عہد کی معمولی شخصیتوں کو سمجھنے کے اہل نہیں ہیں۔

غالب کی شاعری کے سلسلے میں اردو ناقدین ان کی شاعرانہ عظمت کی نشاندہی

کے لیے کوشاں نظر آتے ہیں اور بیشتر مضامین "عظمت کا راز" فاش کرنے کے جویا ہیں۔ کوئی ان کی مقبولیت کو اس کی کسوٹی کہتا ہے اور کوئی ان کے فلسفیانہ افکار کو سرچشمہ قرار دیتا ہے۔ اس سلسلے میں گفتگو آگے بڑھانے سے پہلے عظمت کے بارے میں چند باتیں کہنا ناگزیر ہیں۔ زندگی اورادب میں عظمت کا کیا تصور تھا اور ہے، اس کو سمجھنے کے کیا کیا طریقے ہیں۔ زندگی میں کارہائے نمایاں کو معیار قرار دے کر عظمت کا تمغہ حاصل کیا جاتا ہے۔ یہ الگ سوال ہے کہ ہر عہد پچھلے دور کے عظیم ستونوں کو توڑتا، یا شق کرکے اپنے ستون الگ تعمیر کرتا ہے، پھر بھی قدیم تہذیب کے "عظیم ستون" بچ ہی جاتے ہیں اور جنہیں آنے والی نسلیں اپنے "قیمتی ورثے" میں شامل کرلیتی ہیں۔ اس طرح تہذیبی روایت اپنے لیے ایک آئینہ تعمیر کرتی ہے جس میں ماضی کی شاندار تخلیقات کو دیکھا اور سمجھا جاسکتا ہے۔

مارکسی ناقدین اس سلسلے میں بہت دلچسپ سوال کرتے ہیں اور یہ سوالات ہیں کہ حکمراں ثقافتی طبقہ اپنی یادگار کے لیے اپنے عہد کے فنکاروں کو "خریدتا" ہے اور اس لیے بادشاہ، امرا اور حکمرانوں کے ایوانوں، نگارخانوں اور ہر متبرک جگہوں کی تعمیر میں اکثر و بیشتر گم نام فنکاروں کا حصہ رہتا ہے، اس لیے مارکسی ناقد یہ سوال کرتا ہے کہ ماضی کی عظمت کا راز اس کی اعلیٰ تعمیرات، تخلیقات اور تصورات میں اتنا نہیں ہے، جتنا کہ اس عہد کی معاشی کشمکش، تہذیبی فضا اور روزانہ کی زندگی بسر کرنے کے حالات میں پنہاں ہے۔ میں سمجھتا ہوں کہ یہ بہت فکر خیز سوال ہے مگر نیا ڈیلمیا (یہ میرا پسندیدہ لفظ ہے) اس وقت پیدا ہوتا ہے جب معاشی اقدار کا تجزیہ کرکے اس کو فنون لطیفہ "پرچسپاں" کیا جاتا ہے یعنی حالات کی آہنی گرفت میں

الجھے ہوئے آدمی کی جدوجہد اور اس کی فتح و شکست کی داستان۔ اس لیے کہ بغاوت ہمیشہ "عظمت" کو چیلنج کرتی ہے اور ثقافتی ناقد ہمیشہ اس کشمکش میں مبتلا رہے ہیں کہ دیکھیں فرد و سماج کی ہم آہنگی برقرار رکھنے اور توڑنے میں کون کون سے عناصر زیادہ کار فرما رہے ہیں۔

مطلب یہ ہے کہ فرد و سماج کے روابط ٹوٹ کر جڑتے اور پھر کھوتے رہتے ہیں۔ انفرادیت خاص کر رومانی انفرادیت فرد کو سب سے اعلیٰ درجہ عطا کرتی ہے اور سماجی ارتقا میں اس کو بڑی اہمیت اور عظمت دیتی ہے، لیکن اس کو مکمل طور سے تسلیم کرنے میں وہ "فریب" پوشیدہ ہے جو آگے چل کر آمریت کو جنم دیتا ہے۔ اب کئی مارکسی عظمت کو Personality Cult سے الگ کر کے دیکھ رہے ہیں اور یہ ماننے لگے ہیں کہ عظمت میں آمریت کے خاصے جراثیم نہاں اور عیاں ہیں۔ پھر بھی تاریخ میں عظیم حکمرانوں اور فنکاروں کو سب سے بڑھا چڑھا کر پیش کیا جاتا رہا ہے، اس لیے کہ دنیا کی تاریخ لکھنے والے مؤرخ یہ جانتے ہیں کہ لاکھوں بے نام اور گمنام لوگوں کی اہمیت کو عظمت میں تبدیل کرنے والے خود بھی آمر بنے ہیں۔ اس کی مثال دینے کی ضرورت نہیں ہے۔

غالب کی شاعرانہ عظمت کو اس تناظر میں دیکھا جائے تو ان کی شاندار انفرادیت ایک ادبی آمر کی نظر نہیں آتی۔ یوں بھی غالب کی شخصیت میں بڑی لچک تھی۔ ان میں وہ تفخر نہ تھا جو بعض محققین میں نظر آتا ہے، گو کہ انہوں نے اپنی زندگی کے آخری دور میں خود کو محقق بنا کر پیش کرنے کی فاش غلطی کی تھی۔ اگر قاضی عبدالودود کے طویل رسالے "غالب بحیثیت محقق" کا مطالعہ کیا جائے تو پتہ

چلتا ہے کہ غالب کسی بھی زبان کے عالم نہیں تھے اور خود کو عالم سمجھنے کی "خود فریبی" میں مبتلا تھے۔ یہاں یہ بھی عرض کر دوں کہ قاضی صاحب کا یہ مقالہ میں پوری طرح سمجھنے کا اہل نہیں ہوں، البتہ اس سے میں اتنا سمجھ پایا ہوں کہ غالب کو عظیم محقق بننے کی بھی "ہوس" تھی، کیوں؟ اس کا پورا تسلی بخش جواب نہیں دیا جا سکتا، البتہ یہ کہا جا سکتا ہے کہ ان کی انفرادیت نے "یہ میدان بھی مار لینے کی کاہش خام" کی تھی۔

جیسا کہ میں شروع میں عرض کر چکا ہوں کہ غالب کی انانیت ان کی پناہ گاہ بھی تھی اور رزم گاہ بھی اور اس مرحلے میں چند سخت مقام آتے ہیں۔ غالب کے مداحین انہیں لاکھ بچانے کی کوشش کریں لیکن وہ اس محاذ (عظیم عالم) پر شکست کھا جاتے ہیں۔ یہ الگ بات ہے کہ غالب نہایت نکتہ رس اور بے حد ذہین تھے۔ وہ شیفتہ کو مذہبی نکات سمجھانے میں کامیاب ہوئے تھے۔

غالب کی شاعرانہ عظمت کو سمجھنے کے لیے کن عناصر کو سامنے رکھنا چاہئے؟ اس سے پہلے کہ میں اس سوال کا جواب دینے کی کوشش کروں، یہ بتانا ضروری ہے کہ اردو کے ناقدین نے اس سوال کے کیا جوابات دیے ہیں۔ رشید احمد صدیقی ایک ادبی ناقد نہیں تھے بلکہ بڑی دلچسپ نثر لکھتے تھے۔ ان کا خیال تھا: "مجھ سے اگر پوچھا جائے کہ ہندوستان کو مغلیہ سلطنت نے کیا دیا، تو میں بے تکلف یہ تین نام لوں گا: غالب، اردو اور تاج محل۔ یہ ہندوستان کی تہذیبی پیداوار ہیں اور ہندوستان کے سوا کہیں اور ظہور نہیں پا سکتے تھے۔ ان تینوں میں ہندوستان کے صوری اور معنوی امتیازات جھلکتے ہیں۔" (نقد غالب ص ۳۱۶۔ مرتب مختار الدین آرزو)

اس کے معنی ہیں کہ غالب اپنے عہد کی تہذیب کا اعلیٰ ترین نمونہ تھے۔ اگر اس بیان کا تجزیہ کیا جائے تو پتہ چلے گا کہ رشید صاحب نے بجنوری کی پیروی کرتے ہوئے ایک خوبصورت جملہ لکھا ہے اور اس میں تجزیے کی آگ میں جلنے کی سکت نہیں ہے۔ اس بیان میں مغلیہ سلطنت کو عظیم سمجھنے کا عقیدت مندانہ مبالغہ شامل ہے۔ اگر کوئی شخص کہے کہ اردو زبان کی تخلیق میں مغلیہ سلطنت سے کہیں زیادہ ان کاروباری عناصر کا حصہ ہے جو ایک حکمراں طبقہ اپنے محکوم طبقے سے روابط قائم کرنے کے لیے بطور ترسیل Communication استعمال کرتا ہے تو کچھ زیادہ غلط نہیں ہوگا اور غالب کی عظمت تو مغلیہ سلطنت کے زوال میں رونما ہوئی تھی، مگر رشید صاحب نے اسی مضمون میں ایک اور دلچسپ بات کہی ہے: "میں شاعر کی اہمیت کا اندازہ اس سے کرتا ہوں کہ اس کا خدا، انسان اور عورت کا کیا تصور ہے۔ میں نے آج تک کسی بڑی شاعری یا بڑے شاعر کے ہاں یہ نہیں دیکھا کہ اس کا عورت کا تصور معمولی یا ادنیٰ درجہ کا ہو، انسان کی عظمت کا قائل، خدا کی عظمت کا قائل ہوئے بغیر نہیں رہ سکتا۔" (نقد غالب ص ۲۳۱)

اب عظمت کا تصور اور بھی مشکلوں سے دوچار ہو جاتا ہے، یعنی بغیر خدا کو تسلیم کیے ممکن ہی نہیں ہے۔ اس کے معنی یہ ہوئے کہ بڑے شاعر کا مذہبی ہونا ضروری ہے، یہ کسوٹی میرے خیال سے زیادہ صحیح نہیں ہے۔ رہا انسان اور عورت کے تصورات، تو یہ بھی بڑے بحث طلب مسائل ہیں، اس لیے کس طبقے، کس ملک وملت اور کن خیالات سے معمور انسان کو عظیم سمجھا جاتا ہے۔ عورت کے سلسلے میں تو اتنے ہنگامے ہیں کہ فی الحال اس موضوع پر زیادہ گفتگو نہ کرنا ہی مناسب ہوگا۔

رشید صاحب کا یہ دلچسپ مضمون ایک فارسی غزل کے اقتباس پر ختم ہوتا ہے،

اے ذوق نوا سنجی بازم بخروش آور

غوغاے شب خونے بر بنگہ ہوش آور

غالب کی بقایش باد ہم پاے تو گر ناید

بارے غزلے فردے زاں موینہ پوش آور

میں نے رشید صاحب کے مضمون کا حوالہ اس لیے دیا ہے کہ غالبیات کے سلسلے میں لکھے گئے مضامین میں یہ خاصا دلچسپ مضمون ہے، گو کہ تنقیدی مضمون نہیں ہے۔ پروفیسر آل احمد سرور کا "غالب کی عظمت" بھی دلچسپ اور فکر خیز مضمون ہے، اس پر سب سے پہلے جیلانی کامران نے اپنے مضمون "غالب کی تہذیبی شخصیت کا تعارف" (صحیفہ، غالب نمبر حصہ اول مطبوعہ جنوری ۱۹۶۹ء) میں اعتراض کیا تھا کہ " آل احمد سرور کا مضمون ہر بات کا ذکر کرتا ہے لیکن غالب کی عظمت کا ذکر نہیں کرتا، تاہم عنوان کی مناسبت سے آل احمد سرور اسی سوال کو اٹھاتے ہوئے لکھتا (لکھتے ہیں) ہے: "اب سوال یہ ہے کہ غالب کے فن کی کیا اہمیت ہے اور اس کی عظمت اس کی انفرادیت میں ہے اور اس کی انفرادیت ایک نیا شاعرانہ سانچا ایجاد کرنے میں ہے۔" میرے خیال سے سرور صاحب کے مضمون کے کچھ اہم حصے اور بھی ہیں جیسے،

"غالب کی شاعری میں انسان اور ادب پہلی دفعہ بے سہارے کے اپنی عظمت کے بل کھڑے نظر آتے ہیں، انہیں کسی اور سہارے کی ضرورت نہیں، اس لیے غالب کا مطالعہ ہمارے اندر ایک وسعت نظر پیدا کرتا ہے، وہ ہمیں "خمار رسوم

وقیود" سے آزاد کرتا ہے۔ انسانی شخصیت کی پر پیچ راہوں میں روشنی دکھاتا ہے، ماضی پرستی سے روکتا ہے، انفرادیت سکھاتا ہے۔"(ص۱۲۶ نقد غالب)

"غالب کا اسلوب اردو شاعری کو گہرے فلسفیانہ سیاسی علمی افکار کے اظہار پر قادر کر دیتا ہے۔"(ص۱۲۸ نقد غالب)

"میں اردو میں غالب کی شخصیت کو پہلی بھرپور جاندار ادبی شخصیت کہتا ہوں جس کا ہر پہلو ہمارے لیے دلچسپی اور لطف کا سامان رکھتا ہے، ان کی روحانیت انہیں تجربات وکیفیات کی نئی نئی فضاؤں میں لے جاتی ہے اور ان کا تنقیدی شعور اس میں کلاسیکی ضبط و نظم پیدا کر دیتا ہے۔ ان کی انانیت میں انفرادیت کی بہاریں ہیں اور برنارڈ شا کی انانیت کی طرح کیف وانبساط کا سامان۔"(ص۱۳۱ نقد غالب)

سرور صاحب کا مضمون ۱۹۴۶ء میں شائع ہوا تھا، جس پر انہوں نے ۱۹۵۲ء میں نظر ثانی کی تھی۔ اس پر اب زیادہ بحث سود مند نہیں ہوگی۔ اس لیے سرور صاحب نے جشن غالب کے موقع پر ایک اور فکر خیز مضمون لکھا تھا۔ پورے غالب The Whole Ghalib جو "عرفان غالب" میں شامل ہے۔ دونوں مضامین میں خاصا تضاد ہے، مگر یہ تو فطری تھا، اس لیے کہ پہلے مضمون کے وقت سرور صاحب کسی حد تک ترقی پسند تحریک سے متاثر تھے اور دوسرے مضمون کی فضا پر "جدیدیت کی برق" لہراتی ہوئی نظر آتی ہے۔ اس لیے اس مضمون میں ایلیٹ اور ریکلے کا ذکر ہے۔ بچارے سی ڈی لیوس اور شا کا نام تک نہیں ہے، مگر اس مضمون کی افادیت اپنی جگہ مسلم ہوتے ہوئے بھی سرور صاحب کا یہ کہنا کہ "غالب وجدان کے شاعر نہیں، ذہن کے شاعر ہیں Inspiration کے نہیں Intellect کے شاعر

ہیں۔"

اس جملے کی تلخی کم کرنے کے لیے ایک اور جملہ لکھتے ہیں جو میری ناقص رائے میں صرف خوبصورت جملہ ہے مگر کسی حد تک بے معنی۔ سرور صاحب فرماتے ہیں: "مگر ان کا ذہن وجدان کی پسی ہوئی بجلیوں سے بنا ہے۔" (عرفان غالب ص ۲۵۶) وجدان کی پسی ہوئی بجلیوں کو میں بے معنی سمجھتا ہوں۔ اس لیے کہ اولیت جو ذہن کی ہوگی تو وجدان کی اپنی منطق ہو سکتی ہے مگر یہ نہیں ہو سکتا کہ ذہن ہی وجدان کی پسی ہوئی بجلیوں سے بنا ہو، اس مضمون میں غالب کی اہمیت کو ظاہر کرتے ہوئے لکھتے ہیں کہ "جب ادب پر نظریے کی گرفت ڈھیلی ہوئی، نظر کی گہرائی اور بلندی کو قابل اعتنا سمجھا جانے لگا تو غالب کی ہمہ گیر متنوع زندگی کے عجائبات، تناقضات اور تضاد کی آئینہ دار شاعری کی معنویت بھی کھلی۔"

شاید نظریے سے مراد (جہاں تک میرا خیال ہے کہ ترقی پسندوں کا سوویت مارکسزم کا نظریہ ہے) کوئی فارمولہ ہے، اس لیے کہ ناقد تو بغیر نظریے کے تنقید کر ہی نہیں سکتا۔ خواہ وہ کتنا ہی ایک خاص قسم کے نظریے کی مخالفت کرے مگر تجزیے اور تشریح کے لیے اسے کوئی نہ کوئی نظریہ اور زاویہ نگاہ اپنانا ہی پڑے گا۔ وہ لوگ بھی جو مارکسزم کے شدید مخالف ہیں، ان کے تنقیدی خیالات کے مجموعے کے عنوان بھی Armed Vision قسم کے ہیں، مگر سرور صاحب اس بار عظمت کا راز فاش کر ہی دیتے ہیں، فرماتے ہیں: "غالب کی عظمت اس بات میں ہے کہ ان کے پاس دل کی آنکھ بھی ہے اور سیر لالہ زار بھی، بلکہ دل کی آنکھ نے لالہ زار کو ایک خاص رنگ عطا کیا ہے۔" یہاں غالب کا شعر بھی سرور صاحب نے پیش کیا ہے،

بے چشم دل نہ کر ہوس سیر لالہ زار
یعنی یہ ہر ورق، ورق انتخاب ہے

مضمون کا آخری جملہ بھی توجہ طلب ہے، "میں غالب کا کارنامہ سمجھتا ہوں کہ انہوں نے انفرادیت کی تکمیل اور فن کے بارے میں ایک اعلیٰ قدر کی حیثیت سے پیش کیا ہے۔"

سرور صاحب نے عظمت کے مسئلے پر بحث کرتے ہوئے کہیں بھی اور یجنلٹی Originality کی بحث نہیں کی ہے اور نہ ہی یہ کہا ہے کہ غزل کی شاعری میں عظمت کی تلاش کے کیا پیمانے ہوں گے۔ مطلب یہ ہے کہ اگر بڑا شاعر بڑا ہے تو کتنا عظیم ہے اور اس کی عظمت کا اگر قیاس نہیں کیا جاسکتا ہے تو یہ لکھنا پڑے گا کہ عظمت کی سیڑھیاں نہیں ہیں، یہ ہوا میں معلق ایک گھر بند ہے، بس اس کے مکیں ہی اس کے راز سے واقف ہیں۔

بہت عرصہ ہوا شام لال نے ایلیٹ کے مضامین پر تنقید کرتے ہوئے کہا تھا کہ وہ بڑے شاعر کی تعریف کرنے سے قاصر ہے، صرف یہ کہتا ہے کہ بڑا شاعر بڑا ہے۔ یہی نہیں ایلیٹ نے دانتے کو دنیا کا سب سے بڑا شاعر کہا تھا اور یہ بھی کہا تھا کہ اس پایے کا شاعر دنیا کی کسی زبان میں نہیں ہے۔ جب امریکہ میں سیاہ فام ادیبوں نے بورژوا نقادوں کو ہدف ملامت بنایا تھا تو کہا تھا کہ ایلیٹ دنیا کی کتنی زبانیں جانتا تھا؟ اور اس قسم کا بیان محض قصیدہ خوانی ہے اور مغربی سفید فام ثقافت کو اعلیٰ ترین منوانے کی ایک مہم ہے۔ آپ سیاہ فام ادیبوں پر ہنسیے نہیں کہ ان باتوں میں تھوڑی بہت صداقت ضرور ہے۔

میری ناچیز رائے میں غالب کی عظمت کا اندازہ لگانے کے لیے نہ تو مقبولیت کی کسوٹی کافی ہے اور نہ ان کے فلسفیانہ افکار کی اہمیت کی۔ سب سے پہلے غالب کی پوری شاعری، فارسی اور اردو غزل کے سرمایے کو سامنے رکھنا پڑے گا اور یہ بحث کرنی ہوگی کہ سبک ہندی کے فارسی شعرا کے مقابلے میں غالب کی فارسی غزل کتنی اہمیت رکھتی ہے، دوسرے غالب کی اردو کے کون کون سے حصے آج بھی زندہ ہیں۔ جہاں تک غالب کی عشقیہ شاعری کی بحث ہے، اس کا خاصا بڑا حصہ اپنا رنگ وروغن کھو چکا ہے اور ان کے وہی عشقیہ اشعار اب بھی اہم ہیں جن میں معنی آفرینی کے ساتھ عشق کی گہری لہریں پائی جاتی ہیں جیسے،

بہت دنوں میں تغافل نے تیرے پیدا کی
وہ اک نگہ جو بظاہر نگاہ سے کم ہے

جہاں تک فلسفہ کلام غالب کا تعلق ہے تو میری ناچیز رائے میں شاعری میں فلسفے کی بحث کو عام فلسفیانہ بحث سے ملانے کے باوجود یہ فرق مد نظر رکھنا چاہیے کہ شاعری میں فلسفہ فن کے ذریعے آتا ہے اور اس کی فکر الگ ہوتی ہے۔ جیلانی کامران نے نہایت دقیق مضمون میں غالب کو صوفی شاعر ثابت کرتے ہوئے ایک جگہ لکھا ہے،

"غالب کی عظمت کا باعث تنقید غالب نہیں بلکہ غالب کے پرستار ہیں۔ حقیقت یہ ہے کہ دیوان غالب کو پڑھنے والا غالب سے جس طرح متاثر ہوتا ہے اس تاثر میں غالب کی عظمت کا راز پوشیدہ ہے۔ اس تاثر کو تنقید کی عبارتوں میں بیان نہیں کیا جا سکتا ہے، اسے صرف تشریح کے ذریعہ بیان کیا جا سکتا ہے۔ تشریح

دراصل قاری کے ذاتی حق سے پیدا ہوتی ہے اور جس شاعر کے قارئین تشریح کے بارے میں ذاتی رائے کو مستند خیال کرتے ہیں، اسی قدر وہ شاعر بھی مقبول ہوتا ہے۔ صداقت یہ ہے کہ بڑے شاعروں کے سلسلے میں مقبولت ہی عظمت کہلاتی ہے۔" (ص ۳۷ ۳ صحیفہ اول ۱۹۶۹ء)

یعنی فلسفہ نہیں، وہی مقبول عام کی سند عظمت کا تمغہ ٹھہری جسے میں پوری صداقت نہیں سمجھتا ہوں، اس لیے کہ ہمارے ملک میں پچاس فیصدی بھی خواندگی نہیں ہے اور اردو والوں میں تو مذاق سخن اور مطالعہ عمیق کا خاصا فقدان ہے، اس حلقے میں کتنی مقبولیت ہوگی۔ دیوان غالب صدی ایڈیشن کو فروخت ہونے میں کئی برس لگے تھے گو کہ وہ اغلاط سے پر تھا، جیسا کہ محبی رشید حسن خاں نے اپنے تحقیقی مضمون سے ثابت کیا تھا۔

میری رائے میں غالب کے زیادہ سے زیادہ سو شعر ہوں گے جو مقبول خاص وعام ہیں اور یہ مقبولیت کی سند تو دے سکتے ہیں مگر عظمت کی مہر نہیں بن سکتے ہیں۔

اور پھر یہ سوال بھی آتا ہے کہ غزل کے کتنے اعلیٰ درجے کے اشعار عظمت کی ابتدا وانتہا کرتے ہیں۔ غالب کے کلیات میں یقیناً لسانی نزاکتوں اور شعری جذبے اور فکر سے معمور (کم سے کم) دوہزار شعر فارسی اور اردو میں ہیں اور غالب دراصل شاعروں کے شاعر ہیں اور ان کی شاعری انسانی فطرت کی کامیابیوں اور لغزشوں دونوں کی ترجمانی کرتی ہے۔ شاید سرور صاحب ہی نے کرنل زیدی سے کہا تھا کہ کوئی بھی ہنگامہ ہو خوشی یا غم کا وہ اس کی عکاسی غالب کے کسی نہ کسی شعر میں ضرور دکھا سکتے ہیں۔ نظیر صدیقی نے یہ صحیح لکھا ہے کہ غالب ہماری زندگی کے ایک بڑے

رتبے پر اثر انداز ہو سکتے ہیں۔

شیخ محمد اکرام نے عرصہ ہوا لکھا تھا کہ اردو تنقید کی عظمت اور سطحیت کا اندازہ لگانا ہو تو غالب پر لکھے گئے مضامین کا مطالعہ کیا جائے۔ میں نے تو غزلیات کے صرف ایک حصے کا مطالعہ کیا ہے اور مجھے افسوس ہے کہ غالب پر اعلیٰ درجے کے مضامین نہ ہونے کے برابر ہیں۔ اصل میں یہ صرف اردو کی ہی بدنصیبی نہیں ہے بلکہ آکٹوویوپاز تو یہاں تک لکھتا ہے کہ ہماری زبان یعنی ہسپانوی زبان میں نوبل انعام یافتہ تو کئی ادیب اور شاعر ہیں مگر تنقید فروغ نہیں پا سکی ہے، اس لیے کہ جمہوری فضا ہی نہیں ہے۔ یہ مضمون ٦ اگست ١٩٧٦ء ٹائمس لائبریری سپلیمنٹ میں شائع ہوا تھا۔

اب بحث کا ایک اور رخ بھی ہے کہ عظمت کے قضیے کو ترک کیا جائے اور غالب کی پرکھ کے لیے نئے تنقیدی سانچے بنائے جائیں یا نئی تنقیدی نظر تشکیل کی جائے، یعنی مغربی تنقیدی معیارات کے بجائے دیسی تنقیدی فکر کو اہمیت دی جائے۔ مگر یہ کوشش بھی کامیاب ہوتی نظر نہیں آتی ہے، اس لیے کہ تیسری دنیا کے ادب کا ایک سرسری مطالعہ بھی یہ بتا دے گا کہ فارسی، عربی، ترکی، چینی، جاپانی اور خود ہندوستان کی مختلف زبانوں کی تہذیب ابھی ابتدائی مراحل سے گزر رہی ہے اور مغربی تنقید کے سایے میں گریزاں بھی ہے اور متاثر بھی۔

یہ بھی صحیح ہے کہ کبھی بھی تنقید عظیم شاعری کی نہ تو ہم سر ہو سکتی ہے اور نہ ہم قدم، نئے ناقد عظیم شاعری کی بحث ہی کو تضیع اوقات تصور کرتے ہیں، اسی لیے ایوان گارڈ Avan Garde عظمت کے تصورات کو کلاسیکی قہاری Classical

Tyranny کے مترادف قرار دیتا ہے اور اس طرح یہ رجحان فنکار سے فن کے تجربات، محسوس الفاظ، نئی امیجری اور صنعتی نظام کی نئی نغمگی کو اپنے اظہار کے لیے ضروری سمجھتا ہے اور عظمت کو وقت کے ہاتھوں میں سونپ دیتا ہے۔

میری رائے میں غزل کی تنقید میں بنیادی تبدیلی کی ضرورت ہے۔ عنوانات مقرر کر کے جیسے صحرا، باغ، تمنا، تماشہ وغیرہ کے ذیل میں اشعار جمع کرنا اور ان کی شرح کر کے معنی آفرینی کی کوشش کرنا ہی ناقدین اور شارحین کا کام رہ گیا ہے، پھر شارحین آپس میں وکیلوں کی طرح ہر شعر کی تشریح پر الجھتے رہتے ہیں۔ جدید ناقد اشعار میں صوتی آہنگ، استعارے اور پیکر تراشی کی نشان دہی کر کے سمجھتے ہیں کہ تنقیدی فرض انجام دے دیا ہے۔ میرے خیال سے اس قسم کی تنقید اب خاصی فرسودہ ہو گئی ہے۔

نیا تنقیدی سانچا، نظر اور طریقہ کار کیا ہو، اس کی بحث غالب کی شاعری کو نئی روشنی میں دیکھنے کی کوشش ہو گی جو نہ صرف لفظی تنقید ہو گی اور نہ تشریحی اور نہ ہی تاریخی اور معاشی پس منظر کو مرکز بنا کر شعری محاسن کا جائزہ لے گی، بلکہ نفسیاتی، عمرانی اور لسانی تنقیدوں کے معیارات کے سنگم سے ایک نئی جمالیات کی داغ بیل ڈالے گی، جب ہی ہمیں غالب کی شخصیت اور شاعری کو بڑی حد تک سمجھنے کا موقع ملے گا۔

***

غالب اور تشکیک

میں اپنے مضمون کا آغاز غالب کے ایک دعائیہ شعر سے کرتا ہوں۔

اے آبلے کرم کر، یاں رنجہ اک قدم کر
اے نور چشم وحشت، اے یادگار صحرا

اس لیے کہ تشکیک پر گفتگو ایک معنی میں خار مغیلاں کی راہ سے گزرنے کی داستاں سے کم نہیں ہے۔ آج اس مسئلہ پر بحث کرنا واقعی معنی خیز ثابت ہو سکتا ہے، اس لیے کہ "یقین" کا شور نشور سوالیہ سرگوشیوں کو مکمل سکوت میں بدلنے کے درپے ہے۔ آج ایک طرف اکثریت تیزی سے فاشزم کی طرف بڑھ رہی ہے تو دوسری طرف اقلیتیں اتنی ہی سرعت سے بنیاد پرستی (Fundamentalism) کی طرف مراجعت کر رہی ہیں۔ انسانی فطرت کو کسی ایک حلقے اور کسی ایک "یقین" میں محصور نہیں رکھا جا سکتا ہے۔ انسانی تلون مزاجی رنگ لا کر رہتی ہے۔

یونانی زبان میں مشکک کو (Sektikans) اسکیپسٹی کوس کہتے ہیں بمعنی (Inquirer) دریافت کرنے والا۔ تشکیک باقاعدہ کوئی فلسفیانہ تصور نہیں تھا، اس لیے کہ مشکک کہتے ہیں کہ فوری تجربے کے علاوہ کوئی علم حاصل نہیں ہو سکتا ہے۔ کچھ کا خیال تھا کہ یہ بھی ممکن نہیں ہے۔ اس کے معنی یہ ہیں کہ سوال بھی تشنہ اور

جواب بھی تشنہ۔ سوال کا ذہن میں پیدا ہونا بھی تو ایک قسم کے شک کا اظہار ہے۔ جاننے اور جان کر اظہار کی کشمکش ہی شک کو استدلال دینے کی کوشش کرتی ہے۔ برٹرنڈرسل نے ایک متشکک مفکر کا ذکر کیا ہے جس کے پڑھانے کا یہ طریقہ تھا کہ وہ کوئی خیال تھیسس (Thesis) خود پیش نہیں کرتا بلکہ طالب علموں سے کہتا تھا کہ وہ خود کوئی بات، خیال یا تصور پیش کریں اور پھر وہ خامیاں نکالتا تھا۔ اس کا نام تھا Arcesileust ارسیسی لاس (اس کی موت ۲۴۰ ق م میں ہوئی)

رسل کا خیال ہے کہ افلاطون اور سقراط کے مکالمات بھی تشکیک کو فروغ دینے میں پیش پیش رہے تھے۔ ہیراکیلیٹس کی مابعد الطبیعات نے سب سے بڑھ کر اس خیال کو تقویت پہنچائی تھی۔ اسی نے کہا تھا کہ We Step & do not in the same river ہم قدم رکھتے ہیں اور نہیں بھی قدم رکھتے ہیں، اس لیے کہ یہ دریا ہر لمحہ بہتا رہتا ہے۔ اس میں ہر لمحہ تازہ پانی رواں ہے۔ اسی کا خیال تھا کہ "ہر دن نیا دن ہے۔" ہیراکیلیٹس کا ایک اور مشہور قول ہے، "کثرت میں وحدت" اور "وحدت کثرت ہی کی وجہ سے ہے۔" یہ ہمارے ملک کے Unity in Diversity کے ثقافتی تصور سے ملتا جلتا ہے شاید۔ اس نے یہ بھی کہا تھا کہ us. It is the Opposite which is good for

رسل کا خیال ہے کہ ہیگل کا فلسفیانہ طریقہ کار کہ تضادات کا اتصال ہی علم کی پرکھ کر سکتا ہے۔ Synthesis of Opposites کے جراثیم Germs اسی تصور میں پائے جاتے ہیں۔ رسل تو یہاں تک کہتا ہے کہ جدید ادبی تحریکوں کے لیے یہیں سے کشمکش ملی تھی۔ دوسرا اہم نام فرحو Pharon کا ہے (۳۶۰ ق م سے ۲۷۰ ق م

تک) اس نے باقاعدہ تشکیک کے دبستان کی تشکیل کی تھی۔ انسان کے فطری رجحان، ذاتی تجربات کی پرکھ اور سماجی رسوم کو مانتے یا برتتے ہوئے بھی آدمی کے لیے یہ ضروری نہیں ہے وہ دل سے عقائد کو مانتا ہو کہ دل کی کس کو خبر ہے۔ اصل میں ساری بحث صداقت اور حقیقت کی جانکاری، حصول اور اس سے نتیجہ اخذ کرنے کے سوالات سے منسلک ہے۔

ڈیکارٹ نے کہا تھا، "میں سوچتا ہوں اس لیے میں ہوں۔" اس پر ایک اور اسکپیسٹی کوس نے کہا تھا، یہ یوں ہونا چاہئے، "میں نے سوچا ہوگا اسی لیے میں ہوں۔" I may have thought therefore I am اس کا نام تھا پیرے ڈینیل ہیو (Pierre Danial Huet) یہاں تشکیک کی تاریخ بیان کرنا مقصود نہیں، اشارتاً یہ عرض کرنا مقصود ہے کہ سوال کا ذہن میں پیدا ہونا انسانی فطرت میں شامل ہے۔ اس میں حیرت Wonder اور تجربے کی ملی جلی خواہشات بھی شامل ہیں۔ یہ صرف ذہنی خلش نہیں ہے، شکم کے مسائل بھی اس سے پیدا ہوتے ہیں یعنی روٹی کی جستجو، مسرت کی تلاش۔ کچھ مفکرین کا خیال ہے کہ بصیرت بھی ان سوالات کے اٹھانے سے مل سکتی ہے۔ یہ بھی کہا جاتا ہے کہ تشکیک ایک قسم کی Gedfly ہے جو ناحق لوگوں کو پریشان کرتی ہے مگر دنیا کے بڑے ذہین مفکروں کی تلاش و جستجو کی بنیاد بھی تشکیک نے ڈالی ہے۔

پولیانی نے تو یہاں تک کہا ہے، "عیسائی استبداد سے عوام کو بچانے میں یہ معاون رہی ہے۔" اور یہ تقریباً ہر عہد کے حکمراں ثقافتی رجحانات کے طلسم پر سوالیہ نشانات تشکیک کے بدولت لگائے گئے ہیں اور غالب جس عہد میں پیدا ہوئے تھے

اس عہد میں بھی یہ سوالات تھے کہ علم کی رسائی کہاں تک ہے؟ عرفان کیا ہے؟ حقیقت کسے کہتے ہیں؟ کیا سب وہم ہے؟ تصوف کے بہت سے بنیادی خیالات پر ان ہی مباحث کے اثرات دیکھے جاسکتے ہیں۔ جب حقیقت کے کئی کئی معنی ہیں تو کون سچ ہے اور خود سچ کیا ہے؟ سچ کو کس طرح حاصل کیا جائے اور انسانی ذہن کتنی صداقت حاصل کرنے کی توفیق رکھتا ہے؟ غالب کی شاعری میں یہ شبہات بار بار اٹھتے ہیں اور جبر واختیار کے سارے مسائل ان ہی سوالات کے بطن سے آتے ہیں اور کیا زندگی صرف سوالات کے جوابات تلاش کرنے کا نام ہے؟ اور پھر زندگی خود کیا ہے؟ ہیراکیلیٹس آگ کو مانتا تھا اور آپ دیکھتے ہیں کہ غالب کے اشعار میں آگ، شعلہ، خاکستر، روشنی، نور اور اس سے منسلک الفاظ بار بار آتے ہیں۔

انہوں نے یونانی فلسفیوں کے تراجم جو فارسی میں ہو چکے تھے، پڑھے یا سنے ہوں گے۔ شمع کشتہ، داغ ناتمامی، سینہ، دھواں، رقص شرر غرض کہ غالب کی شاعری کی رنگارنگی خلش، جستجو، آرزو، شوق اور یوں ہوتا تو کیا ہوتا کی مسلسل پیکر تراشی سے معمور ہے۔ کبھی کبھی تو مجھے خیال آتا ہے کہ مسلسل ناکامی کے سبب غالب کی اپنی اناEgo کی پرورش میں یہی آگ تھی جس نے انہیں بار بار اپنے ذہنی آئینہ خانے میں جانے پر مجبور کیا تھا۔

مدعا محو تماشائے شکست دل ہے
آئینہ خانے میں کوئی لیے جاتا ہے مجھے

یا یہ شعر

بازی خور فریب ہے اہل نظر کا ذوق

ہنگامہ گرم حیرت بود و نبود تھا

غالب ایک Genius کا ذہن لے کر آئے تھے اور اس لیے ابتدا ہی سے مسلسل سوالات کرنے کے عادی تھے۔ غالب نے جب یہ کہا تھا کہ "ہر کس کہ شد صاحب نظر دین بزرگاں خوش نہ کرد" تو ان کے ذہن میں آذر اور ابراہیم کی روایت سے زیادہ اپنی وراثت کے خیالات کے دو نیم ہونے کا خیال تھا۔ اس لیے ضروری ہے کہ ہم غالب کی ابتدائی زندگی اور شاعری پر ایک نظر ڈالیں۔

اردو کے بیشتر ناقد غالب کی زندگی پر سب سے زیادہ اثرات ان کی یتیمی اور تنگ دستی اور اس کے نتیجے میں خواہش مرگ کو قرار دیتے ہیں۔ خورشید الاسلام "یتیمی"، محمد حسن "معاشی پریشانیوں" کو ان کی شخصیت کی تشکیل میں اولیت دیتے ہیں۔ میری رائے میں ان کے خلاقانہ ذہن کو اولیت دینی چاہئے تھی۔ اگر وہ اپنی شخصیت کو پروان چڑھانے میں اپنی بصیرت اور آزاد خیالی کو فروغ نہ دیتے تو یہ ممکن تھا کہ کسی نہ کسی مقام پر ٹھہر کے رہ جاتے۔ یہ ہر تیز رو کے ساتھ چل کر اپنی راہ الگ بنانے کا خیال بھی نہ آتا۔ ہمارے ادب میں فلسفی کا لقب سر ڈاکٹر محمد اقبال کے لیے "وقف" ہو چکا ہے مگر میری رائے میں غالب کا ذہن بھی ایک مفکر کا ذہن تھا اور وہ ہر شے پر سوالات لگاتے ہوئے اپنے اندر اور باہر کی حقیقت کا جائزہ لیتا تھا۔

ہوئی مدت کہ غالب مر گیا پر یاد آتا ہے
وہ ہر اک بات پر کہنا کہ یوں ہوتا تو کیا ہوتا؟

آخر وہ کسی رنگ، خوشبو، خیال، جذبے اور عقیدے پر مکمل بھروسہ کیوں نہیں کر سکے؟ کیا وہ مستقل مزاجی کا شکار رہے؟ نہیں یہ ممکن نہیں ہے۔ وہی

ہیر اکیلیٹس کا خیال، تضادات میں وحدت کی تلاش، انسان کی تلاش اور سب سے بڑھ کر اپنی ذات کو ہر آگ میں جلا کر کندن بنانے کی لگن (شوق) اور جب یہ زہر ان کی رگ وپے میں اترا تو غالب کی انفرادیت کی بنیاد پڑی لیکن انفرادیت کی بنیاد کسی کو اتنا اہم شاعر کیسے تراش سکتی ہے؟ انہیں خود احتسابی کا وہ شعور ملا تھا کہ وہ تماشا اور تماشائی دونوں کو الگ الگ دیکھ سکتے ہیں اور اسی خوبی نے ان میں طنز و مزاح کی وہ صلاحیت پیدا کی جو ان کی شاعری میں ایک اہم عنصر بن گیا یعنی حالی انہیں لاکھ "حیوان ظریف" کہیں مگر یہ ایک مفکر کی خندہ زنی تھی، کسی مسخرے کی نہیں اور یہ صفت انہیں ایک دریافت کرنے والے ذہن نے عطا کی تھی۔ انہیں مشکک کے بجائے اسکیپٹی کوس Skeptikes سے یاد کرنا چاہئے، جب ہی یہ پتہ چلے گا کہ ان کی شاعری میں اتنی تازگی، اتنی رونق اور اتنی نغمگی کیسے آگئی کہ سو برس گزر گئے مگر آج تک یہ ہمارے دل وجان کو زندگی بخش رہی ہے۔

محترمی احتشام حسین نے ایک مختصر مضمون میں غالب کی تشکیک کا یوں ذکر کیا ہے، "غالب کا زمانہ عام انسانوں کی تقلید اور روایت پرستی کا زمانہ تھا اور حساس انسانوں کے لیے تشکیک کا۔ غالب بھی شک کا شکار تھے لیکن شکوک کو روند کر آگے بڑھ جانا چاہتے تھے۔ مجبوری یہ تھی کہ تاریخی تقاضے یکسوئی حاصل نہ ہونے دیتے تھے۔ امید و بیم کے درمیان ہچکولے کھاتے رہنا، قدیم اور جدید کے درمیان فیصلہ نہ کر سکنا یہی غالب کی تقدیر بن گیا۔" (اعتبار نظر، ص ۱۹۸)

احتشام صاحب کا یہ مضمون ۱۹۴۷ء کا ہے۔ وہ غالب کو بت شکن تسلیم کرتے ہیں مگر یہ نہیں کہتے کہ غالب "بلبل گلشن ناآفریدہ" اسی کشمکش، اسی ذہنی بحران اور

کرب آگہی کی وجہ سے بنے۔ ان کے بیان میں "غالب بھی شک کا شکار تھے۔" ایک معنی میں غلط ہے کہ غالب اپنے اجداد کے ورثے میں پائے ہوئے تصورات پر سوالات لگاتے ہوئے اپنی شاعری اور زندگی کو پروان چڑھا رہے تھے۔ شک کے ہرگز شکار نہ تھے بلکہ شک تو ان کی فکر میں ایک "صید زبوں" ہے یعنی شک ان کی فکر کا شکار تھا نہ کہ ان کی فکر۔۔۔ ظاہر ہے کہ احتشام صاحب نے یہ مضمون ۴۲ برس کی عمر میں لکھا تھا۔ انہوں نے ۱۹۵۲ء میں ایک اور مضمون لکھا تھا۔ وہ بھی توجہ طلب ہے "غالب کا تفکر۔" مجھے یہ مضمون سننے کا موقع ملا تھا۔ احتشام صاحب نے یہ مضمون اسرار الحق مجاز کے مکان "سراج منزل" میں پڑھا۔ اس ادبی نشست میں بہت سے اہم ادیب شریک تھے اور سب سے اہم شخصیت پروفیسر مسعود حسین ادیب کی تھی۔ میں نے یہ مضمون کئی بار پڑھا ہے۔ اس لیے میں اس کا ذکر کرنا چاہتا ہوں۔ احتشام صاحب رقم طراز ہیں،

"ان کی عملی زندگی محدود تھی۔ انفرادی اور ذاتی تجربات کا لازوال خزانہ ان کے پاس تھا لیکن اسے اجتماعی زندگی کے ڈھانچے میں بٹھانا آسان نہ تھا۔ لامحالہ انہوں نے اسی مواد پر عمارت کھڑی کی جو انہیں ذہنی طور سے ورثہ میں ملا تھا۔ بس انہوں نے یہ طے کیا کہ بدلتے ہوئے حالات اور ذاتی تجربات سے مدد لے کر اس عمارت میں چند ایسے گوشے بھی تعمیر کر دیے جو ان کے پیش رووٴں سے نہ ممکن تھے نہ جن کے نقشے ذہن میں تعمیر ہوئے تھے۔ ان ذاتی تجربات کے علاوہ غالب کا وسیع مطالعہ تھا جو ان کے ذہن کے لیے غذا فراہم کرتا تھا اور وہ قدیم علوم کے ذریعہ سے نئے تجربوں کو سمجھنے کی کوشش میں انہیں نیا رنگ دینے میں کامیاب ہو جاتے تھے۔

اسی چیز کو ان کے ناقدوں نے جدت، تازگی اور طرفگی مضامین سے تعبیر کیا ہے۔۔۔" (نقد غالب مختار الدین احمد۔ ص ۲۲۔۲۳)

ظاہر ہے کہ غالب نے غزل کی پرانی عمارت کی بنیادوں پر اپنی عظمت کا قصر تعمیر کیا تھا مگر میری رائے میں کوئی شاعر چند گوشے تعمیر کر کے شاعری میں وہ درجہ نہیں پا سکتا تھا جو غالب نے وقت سے چھین لیا تھا۔ اپنی شاعری پر اتنا اعتماد کم ہی شاعروں کو ملا ہے جتنا کہ غالب کو حاصل تھا۔ یہ کچھ تو ان کی انا Ego نے دیا تھا اور کچھ ان کی اپنی بصیرت نے عطا کیا تھا۔

ہم کہاں کے دانا تھے کس ہنر میں یکتا تھے
بے سبب ہوا غالب دشمن آسماں اپنا

یہ خود کو "ہدف ملامت" بنا کر اپنی دانائی اور ہنر میں یکتا ہونے کا سلیقہ غالب ہی کو آتا تھا۔ طنز ملیح کی نشتریت ہی غالب کی ماحول پر خندہ زنی کو نمایاں کرتی ہے کیونکہ وہ اپنی عظمت کا مکان عرش سے پرے بنا چکے تھے اور ایک بلندی سے اپنے فن کا جائزہ لینے کا ہنر جانتے تھے۔ احتشام صاحب کے مضمون کی بنیادی خامی یہ ہے کہ وہ پرانے مارکسزم کے نظریے کو منطبق کر کے غالب کے شعور کا تجزیہ کرنا چاہتے تھے۔ اس لیے انہوں نے غالب کے شعور کو سمجھنے کے لیے ۱۸۵۷ء کو کسوٹی قرار دیا ہے جبکہ غالب کا شعور اس وقت تک پختہ ہو چکا تھا اور خواہ سیاسی واقعہ کتنی ہی تاریخی اہمیت کیوں نہ رکھتا ہو، کسی عظیم شاعر کے شعور کو اس کی کسوٹی بنانا صحیح نہیں ہے۔ شاعر کے شعور کا اندازہ اس کی فنکارانہ خصوصیات میں تلاش کرنا چاہیئے۔ یہ ممکن ہے کہ شاعر اپنے دور کے تاریخی عوامل کو نظر انداز کر دے اور پھر بھی اپنا

کارنامہ تخلیق کرنے میں کامیاب ہو جائے، اس لیے کہ فرد سماج کا ایک جزو ہوتے ہوئے بھی اپنی الگ کائنات خالق ہوتا ہے۔ خاص کر غالب۔

ہے آدمی بجائے خود اک محشر خیال
ہم انجمن سمجھتے ہیں خلوت ہی کیوں نہ ہو

اور ایک شعر میں غالب نے نہایت فنکارانہ سلیقے سے کہا ہے وہ زندگی کیسے گزارتے تھے۔

ہم نے وحشت کدہ بزم جہاں میں جوں شمع
شعلہ عشق کو اپنا سر و ساماں سمجھا

پروفیسر محمد مجیب نے اپنے نہایت فکر خیز مضمون "غالب پر ایک نظر" میں لکھا تھا، "میرے نزدیک غالب کے ابتدائی دور کی سب سے نمایاں خصوصیت انسانیت کا اثبات ہے۔ ڈاکٹر اقبال کی اثبات خودی نہیں۔ اس کی پشت پر اخلاقی اور روحانی مصلحتیں نہیں ہیں۔ ایک آزاد انسان کی واردات قلبی کے سوا کچھ نہیں۔ غالب کے لیے انسان ہونا ایک درد بے اماں تھا،

شکوہ و شکر کو ثمر بیم و امید کا سمجھ
خانہ آگہی خراب دل نہ سمجھ بلا سمجھ

(عرفان غالب مرتب آل احمد سرور ص ۱۱، اشاعت ۱۹۷۳ء)

اور ڈاکٹر عالم خوند میری نے غالب کے شعور کی بحث کرتے ہوئے لکھا تھا۔ مضمون "غالب اور عصریت" کا اقتباس، "غالب نے حقیقت کے بارے میں یہ عظیم کشف حاصل کیا تھا۔ اس کے نزدیک یہ کائنات ایک خیال بھی ہے اور تمنا بھی

بلکہ تمنا ہے، اسی لیے خیال بھی ہے۔ یہی ازلی اور ابدی خیال انسانی نفس اور شعور میں اضطراب بن جاتا ہے کیونکہ انسانی وجود صرف خارج کی ساکن تصویریں حاصل نہیں کرتا بلکہ کائنات کی حرکت میں حصہ دار بھی ہوتا ہے۔ اسی کو شاعرانہ زبان میں غالب نے "توفیق" کا نام دیا ہے۔ غالب کو شعور کو یہ توفیق ہوئی تھی۔ وہ اس کائنات کے اضطراب کا حصہ دار بن گیا اور یہی اس کی مضطرب شخصیت کا راز ہے۔

مرا شمول ہر اک دل کے پیچ و تاب میں ہے
میں مدعا ہوں تپش نامہ تمنا کا۔"

(عرفان غالب مرتب آل احمد سرور۔ ص۔ ۲۷۔ ۲۸)

غالب کی ابتدائی شاعری پر یہ مختصر بحث غالب کی فنکارانہ فکر خیز شخصیت کی چند جھلکیاں پیش کرنے کی ایک سعی ہے۔ صرف یہ ثابت کرنا مقصد تھا کہ ابتدا ہی سے غالب کو فکر رسا عطا ہوئی تھی۔ اس پر صیقل کر کے انہوں نے ایک ایسا آئینہ بنایا کہ تشکیک ان کی شاعری کی ایک پرتو ہے، کل نہیں مگر یہ بحث ابھی ختم نہیں ہوئی ہے، اس لیے کہ۔۔۔ ہم ہیں تو ابھی راہ میں ہیں سنگ گراں اور۔

میں پروفیسر احمد علی کی کتاب ایک سنہری روایت The Golden Tradition میں غالب کے بارے میں یہ جملے پڑھ کر ایک لمحے کے لیے ڈر گیا کہ اگر غالب اورنگ زیب کے زمانے میں ہوتے۔۔۔ تو پتہ نہیں کیا ہوتا۔ احمد علی کا یہ خیال پوری تفصیل کے ساتھ ملاحظہ ہو۔ وہ لکھتے ہیں (آزاد ترجمہ)،

"انیسویں صدی ذہنی خلفشار سے دوچار تھی۔ متوسط طبقہ اور دانشور دونوں

ہی مباحث میں پورے جوش و خروش سے شریک تھے۔ مذہب اور سیکولر خیالات کے درمیان باریک دھاگے کا فرق تھا۔ غالب کے احباب جہاں زندگی اور شاعری کی بحث کرتے تھے وہیں وہ مذہبی مسائل پر بھی شدومد سے گفتگو کرتے تھے۔ غالب کیسے ان کے اثرات سے بچ سکتے تھے۔ ان پر طرح طرح کے الزامات عائد کیے گئے ہیں۔ مشکل پسندی، ابہام حتیٰ کہ الحاد تک کا الزام لگایا تھا۔ اگر کہیں وہ اورنگ زیب کے عہد میں پیدا ہوئے ہوتے۔۔۔ کوئی بھی قیاس کر سکتا ہے کیا ہوتا؟ ان کے یہاں تخیل کی جرأت، مابعد الطبیعاتی خیالات کی گہرائی اور ایک دانشور کی راستی (Integrity) اور سب سے بڑھ کر صداقت کی ایماندارانہ جستجو پائی جاتی ہے۔"

(ایک سنہری روایت۔ ص ۶۶ کولمبیا پریس ۱۹۷۳ء)

میری رائے میں غالب کی آزاد خیالی ہی نے انہیں لوگوں میں منحرف، مشکک اور حتی کہ کافر کہلایا تھا۔ اب یہ دیکھنا چاہیئے کہ غالب نے کن خیالات پر سوالیہ نشان لگائے ہیں اور کن کو نیم جاں چھوڑ دیے ہیں لیکن سب سے پہلے پروفیسر احمد علی کے تنقیدی تاثرات اور تجزیے کا کچھ ذکر ہو جائے۔ لوگ بجنوری پر خندہ زن ہیں کہ انہوں نے غالب کو گیٹے کے علاوہ دنیا کے تمام شعرا میں بہتر قرار دیا تھا۔ وہ لکھتے ہیں کہ غالب کا اہم یورپی شعرا سے مقابلہ کیا جائے تو حیرت ہوتی ہے کہ ان کا مرتبہ کسی سے کم نہیں ہے۔ میں نے یہ ذکر اس لیے کیا کہ بجنوری کے تاریخی کارنامہ کو صرف اس لیے بدنام کیا جارہا ہے کہ وہ ادبی تنقید کے اعلیٰ معیار پوری طرح نہیں اترا جبکہ مغربی تنقید ترقی کرتے کرتے فلسفہ کی ایک شاخ بنتے جارہی ہے۔

بیچارے بجنوری نے اپنے دلی تاثرات کا مبالغہ سے اظہار کر کے تنقید کا کارنامہ

نہ کیا ہو مگر غالب کی عظمت کی نشاندہی ضرور کر دی تھی۔ اس لیے میری رائے میں اردو تنقید جس حقارت سے ان کا نام لینے لگی ہے اس پر سخت تنقید کی ضرورت ہے تا کہ بجنوری کے تاریخی ادبی رول کا اندازہ ہو سکے۔ مجھے یہ لکھتے ہوئے کوئی جھجک محسوس نہیں ہوتی ہے کہ دیوان غالب میرے لیے بھی ایک "مقدس کتاب" ہے، اس لیے کہ غالب کی شاعری اور شخصیت ہماری ہندوستانی ثقافت کا ایک روشنی کا مینار ہے۔ خواہ کوئی مجھے ادب کا ایک ادنیٰ طالب علم بھی نہ سمجھے۔

اب آیئے ان سوالات کا جائزہ لیں جن کے تلخی نے غالب کو "ہدف ملامت" بنایا تھا۔ اس سلسلے میں پہلا سوال خدا کے تصور کے سلسلے میں ہے۔ غالب صوفی نہیں تھے لیکن ایک عمر تک وحدت الوجود کے قائل رہے اور اس فلسفے کے بارے میں میکش اکبر آبادی لکھتے ہیں، "غالب بادہ خوار تھے، آزاد خیال تھے، نماز روزے کے پابند نہیں تھے مگر توحید ورسالت کے قائل تھے، اہل بیت سے محبت کرتے تھے۔ ایک صوفی کی طرح انسان دوست تھے کیونکہ وہ ساری کائنات کو ایک خدا کا ظہور سمجھتے تھے اور وحدۃ الوجود کے قائل تھے۔ یہی تصوف کا اصل اصول ہے۔۔۔"

اس بیان کے بعد میکش صاحب غالب کی شاعری پر ویدانت اور ابن عربی دونوں کے اثرات کے اشعار پیش کرتے ہیں۔ غالب کا تصور خدا ایک مفکر کا تصور تھا یعنی وہ اس کے یکتا ہونے کے قائل ضرور تھے مگر ان کے ذہن میں چند سوالات بھی اٹھتے تھے،

زندگی اپنی جو اس شکل سے گزری غالب

ہم بھی کیا یاد کریں گے خدا رکھتے تھے

اس شعر میں کشمکش ضرور ہے مگر خدا کا انکار نہیں ہے۔ خدا کے اثبات کا ایک اور شعر دیکھئے،

یارب ہمیں تو خواب میں بھی مت دکھائیو
یہ محشر خیال کہ دنیا کہیں جسے

خدا سے قربت کا لب ولہجہ اس شعر کو کتنا خوبصورت بنا دیتا ہے جیسے خدا غالب کا ایک رفیق ہے۔ غالب خدا کا ذکر کبھی یوں نہیں کرتے، "تو بھی تو ہر جائی ہے" یا" جہاں تیرا ہے یا میرا۔" غالب کی شاعری میں فلسفیانہ افکار شعری قالب میں ڈھل کر آتے ہیں۔ وہ خالق کائنات کی تخلیق کردہ دنیا پر طنز کرتے ہیں لیکن انہوں نے عبدالحمید عدم کی طرح اسے دلچسپ جرم بھی نہیں کہا۔ دنیا میں رہ کر خدا سے یہ کہنا کہ دنیا کو نہ دیکھنا غالب کے مصورانہ ذہن کا کتنا خوبصورت خیال ہے اور اس میں طنز ملیح کہ یہ کائنات تو نے تخلیق کی ہے جو محشر خیال ہے۔ غالب آدمی کو" محشر خیال" بھی کہہ چکے ہیں۔ ایسے خلاقانہ ذہن کے بارے میں یہ کہنا کہ وہ کسی ایک خیال، کسی ایک عقیدہ کا "قیدی" ہو جائے، بھلا یہ کیسے ممکن ہے۔ غالب نے ملمع سازوں پر ایک فنکارانہ وار کیا ہے۔ اگر اس سے کسی کا عقیدہ نیم جاں یا مجروح ہوتا ہے تو کیا کیا جائے۔

تھی نگہ میری نہاں خانہ دل کی نقاب
بے خطر جیتے ہیں ارباب ریا میرے بعد

اس شعر سے منسلک ایک اور خوبصورت شعر بھی پیش کروں گا تاکہ غالب

کے حلقہ احباب کا بھی ذکر ہو جائے۔

تھا میں گلدستہ احباب کی بندش کی گیاہ
متفرق ہوئے میرے رفقا میرے بعد

خود کو "گیاہ" کہہ کر غالب نے جو گل چینی کی ہے، اس کی شعری نزاکت کو سمجھنا کتنا آسان اور کتنا دشوار ہے۔ احتشام صاحب نے یہ صحیح لکھا تھا کہ "غالب کے یہاں بت شکنی کا جذبہ سب سے زیادہ شدید اور واضح ہے۔" اور اس لیے وہ راز حیات سے واقف تھے۔

راز دار خوے دہر م کردہ اند
خندہ بر دانا و ناداں می زنم

قیامت کے بارے میں غالب نے کتنے ہی خوبصورت شعر کہے۔ مجھے یہ شعر بہت پسند ہے۔

بجز پرواز شوق ناز کیا باقی رہا ہو گا
قیامت اک ہوائے تند ہے خاک شہید اں پر

یا غالب کا یہ لاثانی شعر،

دم لیا تھا نہ قیامت نے ہنوز
پھر تیرا وقت سفر یاد آیا

جس ذہن میں ایسے ہنگامہ خیز خیالات پرورش پاتے ہیں، ظاہر ہے "روح القدس" ان کو خاک سمجھ پائے گا، گو کہ بظاہر معلوم ہوتا ہے کہ غالب کو اسی سے داد سخن ملتی تھی، اس لیے وہ "فقط اللہ ہو اللہ ہو" ہے۔ غالب کا جنت کے بارے میں

ایک شعر ہے۔

طاعت میں تا رہے نہ مے وانگبیں کی لاگ

دوزخ میں ڈال دو کوئی لے کر بہشت کو

میکش اکبر آبادی فرماتے ہیں، "حضرت رابعہ بصریہ کی حکایت ہے کہ لوگوں نے ان سے پوچھا کہ یہ آگ کہاں لیے جارہی ہو تو فرمایا، "اس سے جنت کو جلانے جا رہی ہوں تاکہ لوگ خدا کی عبادت بغیر لالچ کے کریں۔" (عرفان غالب، مرتب آل احمد سرور ص ۱۰۹)

مگر جنت کے بارے میں غالب کا سب سے تیکھا شعر یہ ہے،

کیوں نہ فردوس میں دوزخ کو ملالیں یارب

سیر کے واسطے تھوڑی سی فضا اور سہی

غالب نے طنز ملیح کا جب بھی استعمال کیا ہے، وہ ان کے خیالات کو شعریت کے ساتھ ساتھ فکری بلندی بھی عطا کرتا ہے۔ اس لیے غالب سے بڑا طنز ملیح کا ماہر اب تک اردو ادب میں پیدا نہیں ہوا ہے۔ معجزات کے بارے میں غالب یقیناً وہ عقیدہ نہیں رکھتے جو لوگوں میں عام تھے۔ جیسے غالب کا یہ شعر،

اک کھیل ہے اورنگ سلیماں مرے نزدیک

اک بات ہے اعجاز مسیحا مرے آگے

ڈاکٹر علی سردار جعفری نے اپنے ایک مضمون میں گلشن ناآفریدہ میں سبک ہندی کا ایک شعر چسپاں کر کے لکھا ہے، "غالب کی فطرت میں رندی اور پیگن ازم کی لہر سب سے زیادہ ہے۔" (غالب نامہ جلد۔ شمارہ ا۔ ص ۲۹)

میری رائے میں غالب کے لیے یہ دونوں لفظ کافی نہیں ہیں۔ وہ شش جہت پہلو دار شخصت کے مالک تھے۔ رند اور کافر کے الفاظ میں ان کی شخصیت کو بند نہیں کیا جا سکتا، انہوں نے ایک جگہ خود کو کافر کہا ہے اور ایک جگہ انکار کیا ہے۔ دونوں شعر ملاحظہ ہوں۔

چھوڑوں گا میں نہ اس بت کافر کا پوجنا
چھوڑے نہ خلق، گو، مجھے کافر کہے بغیر

حد چاہئے سزا میں عقوبت کے واسطے
آخر گناہ گار ہوں، کافر نہیں ہوں میں

جوش نے اپنے بارے میں کہا تھا،

دریا ہوں اک مقام پر رہتا نہیں ہوں میں
اک خط مستقیم پہ بہتا نہیں ہوں میں

غالب پر یہ شعر صادق آتا ہے۔ اس لیے غالب کو کسی ایک پیمانے، ایک نظریا نظریے یا ایک عقیدہ سے جانچنا صحیح نہیں ہو گا۔ یہ بوتل میں بند ہونے والا جن نہیں تھا، اس لیے کہ یہ اشیا، عقائد اور تصورات کی روح کو پرکھنے کی نظر رکھتا تھا۔

دیر و حرم آئینہ تکرار تمنا
واماندگی شوق تراشے ہے پناہیں

غالب یقیناً مروجہ مذہبی رسم و رواج سے منحرف تھے مگر مذہب کی روح کے مخالف نہیں تھے۔ روح میں نے Spirit کے معنی میں استعمال کیا ہے، اس لیے کہ مذہب ایک صحیح راستے کی تلاش بھی ہے۔ غالب صداقت کا جویا تھا۔

اس طویل جملہ معترضہ کے بعد پھر تشکیک کی بحث شروع کرتا ہوں۔ تشکیک کے سلسلے میں ڈیکارٹ کا مشہور قول ہے، I think, therefore I am میں سوچتا ہوں اس لیے میں ہوں، مگر ایک اور مفکر Pierre Daniel Huet نے کہا یہ جملہ یوں ہونا چاہئے تھا۔ I may have thought therefore I am میں نے سوچا تھا اس لیے میں ہوں۔ ہیو نے یہ اعتراف کیا تھا کہ تشکیک سوالات اٹھاتی ہے جوابات نہیں دے پاتی۔ اس کے الفاظ میں It admits of no answer & produce no conviction یہ جواب کو قبول نہیں کرتی اور عقیدوں کو جنم نہیں دیتی۔

اصل میں تشکیک ادعائیت پسند فلسفیوں کے نظریات پر تنقید کرنے کا ایک حربہ سمجھی جاتی ہے۔Mirat کے خیال میں، "کسی مسئلہ کو فلسفہ بنانا اور بات ہے اور زندگی گزارنا اور چیز ہے۔" تشکیک کی سب سے اہم خوبی یہ سمجھی گئی ہے کہ یہ Non assertive زبان استعمال کرتی ہے۔ یعنی آپ اگر نہ مانیں تو اصرار نہیں کرتی ہے اور دنیا کے ادیبوں اور شاعروں نے اس انداز سے فائدہ اٹھا کر اپنے ادب اور شاعری میں دھوپ اور چھاؤں کی رنگارنگی پیدا کی ہے۔ انسائیکلوپیڈیا آف فلاسفی کا مصنف رچرڈ ایچ پاپکن لکھتا ہے، (آزاد ترجمہ)، "تشکیک کے بغیر جوش وخروش، تعصبات، اوہام اور سنجیدہ بامعنی خیالات میں فرق کرنا مشکل ہو جاتا ہے۔ ہر عہد اپنے نظریات کو پرکھنے کی جہد کرتا ہے تاکہ ان کی قدروقیمت معلوم ہوسکے اور یہ بغیر ان کو چیلنج کیے ممکن نہیں ہے۔" (انسائیکلوپیڈیا آف فلاسفی جلد ۸۔۷ ص ۴۵۹)

پاپکن بھی تشکیک کی اہمیت اس لیے تسلیم کرتا ہے کہ اس نے Dogmas پر ضرب کاری لگائی ہے۔ ہر دور میں نئی بحثیں اٹھانے والے مورد الزام ٹھہرائے جاتے ہیں اور غالب نے اپنے متعدد اشعار میں اس کی نشاندہی کی ہے۔

پکڑے جاتے ہیں فرشتوں کے لکھے پر ناحق
آدمی کوئی ہمارا دمِ تحریر بھی تھا

ہمارے ذہن میں اس فکر کا ہے نام وصال
کہ گر نہ ہو تو کہاں جائیں ہو تو کیوں کر ہو

کیا زہد کو مانوں کہ نہ ہو گرچہ ریائی
پاداش عمل کی طمع خام بہت ہے

ہوں منحرف نہ کیوں رہ و رسم ثواب سے
ٹیڑھا لگا ہے قط قلم سرنوشت کو

اہل ورع کے حلقہ میں ہر چند ہوں ذلیل
پر عاصیوں کے فرقہ میں میں برگزیدہ ہوں

غالب کے یہ اشعار بھی بظاہر عشقیہ طرز بیان کے نمائندے سمجھے جاتے ہیں۔ ان میں حسن، حیرت اور سوال کی آمیزش سے پیدا ہوا ہے۔

نہ شعلہ میں وہ کرشمہ نہ برق میں وہ ادا
کوئی بتاؤ کہ وہ شوخ تند خو کیا ہے؟

دیکھئے لاتی ہے اس شوخ کی نخوت کیا رنگ
اس کی ہر بات پر ہم نام خدا کہتے ہیں

ہے بس کہ ہر اک ان کے اشارے میں نشاں اور
کرتے ہیں محبت تو گزرتا ہے گماں اور

ان اشعار میں جو گمان، اعتماد، وفا، نارسائی کی ملی جلی کیفیتیں ہیں، وہ اسی سوالیہ ذہن کی خوبیوں کی بدولت ہیں۔ تشکیک، شعری لب ولہجہ کو پر اسرار بنا دیتی ہے۔ اس لیے اس کو سپاٹ نثری بیان سے بچا کر ایک سنہری دھندلی شعری فضا تخلیق کرتی ہے۔ گناہ وثواب کے مسئلہ پر بھی غالب نے اپنی بے باکانہ شعری نظر ڈالی ہے اور انسانی فطرت کی چھپی ہوئی خواہشات کو نہایت فنکارانہ انداز میں پیش کیا ہے۔

بقدر حسرت دل چاہئے ذوق معاصی بھی
بھروں اک گوشہ دامن جو آب ہفت دریا ہو

دریائے معاصی تنک آبی سے ہوا خشک
میرا سر دامن بھی ابھی تر نہ ہوا تھا

کسی شاعر میں اتنی جرأت ہے کہ کہے کہ میری حسرت گناہ باقی رہ گئی۔ سات بچوں کی موت، مسلسل معاشی پریشانیاں۔ اگر غالب کا سوالیہ ذہن نہ ہوتا تو عقائد کے ساتھ ساتھ ان کی شخصیت پاش پاش ہو جاتی مگر وہ اپنی شخصیت کو ہر دور میں فروغ دیتے رہے، جب ہی تو وہ ۱۸۵۷ء کے بعد ایک بڑے نثر نگار کی حیثیت سے ابھرے۔ اردو ادب میں نظم ونثر دونوں میں یہ مرتبہ صرف اسد اللہ خاں غالب ہی کو حاصل ہوا ہے۔

میں اپنا یہ مضمون ایک فلسفی Ludivig Feuerbach لدوگ باخ کے ان جملوں پر ختم کرنا چاہتا ہوں جس سے غالب کے مفکرانہ ذہن کی کچھ نشاندہی ہوتی

ہے، "فلسفی بننے کی کوشش نہ کرو۔ پہلے انسان بنو، وہ انسان جو سوچتا ہے۔ مفکر کی طرح نہ سوچو، سیاق وسباق سے الگ کرکے انسانی وجود کے بارے میں الگ الگ نہ سوچو۔ ایک زندہ جری آدمی کی طرح سوچو، جو کہ دنیا کے سمندر کی جان بخش موجوں سے قوت اور تازگی حاصل کرتا ہے۔ سوچو اپنے وجود کے بارے میں۔۔۔"

یہ لاش بے کفن اسد خستہ جاں کی ہے
حق مغفرت کرے عجب آزاد مرد تھا

٭ ٭ ٭

غالب: خوف پر قابو پانے کی ایک کوشش

مجھے نہیں معلوم کہ کتنے ادیبوں اور شاعروں کو غالب پر لکھتے ہوئے کسی قسم کے خوف کا احساس ہوا ہے یا نہیں؟ اپنے ذاتی تجربے کا اعتراف نہایت عجز سے کرنا چاہتا ہوں کہ جب بھی غالب پر اپنا تاثر لکھنے کا خیال آیا ہے تو ایک انجانے خوف نے مجھے ڈرانے اور مجھ پر قابو پانے کی کوشش کی ہے۔ اصل میں یہ مختصر مضمون بھی انجانے خوف پر قابو پانے کی صرف ایک کوشش ہے۔ بہت ممکن ہے کہ میں کسی ماہر غالبیات کا دوست ہوتا یا پیشہ ور محقق ہوتا یا ناقد ہوتا تو مجھے غالب پر لکھنے کے خیال سے خوف نہ آتا، اس لیے کہ "غالب کی عادت" پڑ چکی ہوتی۔

اب غالب اردو میں ایک صنعت Industry کی حیثیت اختیار کر چکے ہیں۔ یہ اتنی بڑی اور پھیلی ہوئی نہیں جتنی کہ یوروپ اور امریکہ میں شیکسپیئر انڈسٹری۔۔ ہاں آہستہ آہستہ غالب انڈسٹری بھی High Cultured Project میں ڈھل رہی ہے۔ یہ کوئی شکایت کی بات نہیں ہے۔ ہر زبان وادب میں ایک نہ ایک شاعر یا ادیب کو یہ اعزاز ملتا رہا ہے کہ اس کے ذریعے سے سیکڑوں لوگ باروزگار ہو جاتے ہیں۔ بہر حال مجھے غالب سے خوف آتا ہے، اس لیے کہ اس کی شاعری اور شخصیت کا پہلا سرا نہیں ملتا اور اگر کوئی سرا مل جاتا ہے تو اتنا نازک کہ سلجھانے کی کوشش

میں یہ الجھ جاتا ہے اور اکثر ٹوٹ جاتا ہے۔

بات یہ ہے کہ غالب کوئی جن نہ ہوتے ہوئے بھی بے سر و پیر کے آدمی ہیں یعنی ان کی تین آنکھیں ہیں جیسے شو کی۔ وہ "نہیں" اور "ہاں" کے علاوہ بھی بہت کچھ زیرلب کہتے ہیں۔ یہ بھی کچھ غلط نہیں ہے کہ ان کے پیر پاتال میں جڑوں کی طرح دور تک تاریکی میں چلے گئے ہیں اور کبھی ان کا چہرہ دیکھنے کی کوشش کی تو نظر کی بھی جست کے باوجود ایسے معلوم ہوتا ہے کہ ان کا سر آسمانوں کی طرح بے پایاں خلا میں نیم پنہاں ہے۔ یہ بھی کچھ زیادہ غلط نہیں ہے کہ ان کی شاعری اور زندگی پر اتنا لکھا جاچکا ہے کہ وہ اب بظاہر ایک کھلی کتاب بن چکے ہیں۔ پھر بھی ان کی شاعری (جیسا کہ مشہور کلیشے ہے) "نقاب در نقاب" اور افسانہ در افسانہ نظر آتی ہے۔ ایک پراسرار فضا چاروں طرف پھیلی ہوئی۔ سائے اور روشنی کا عجیب کھیل یا تماشہ ہے۔ جتنی تنقید کی روشنی تیز ہوتی جاتی ہے، غالب کی شخصیت مختلف اور متضاد شکلوں اور رنگوں میں کھلتی اور چھپتی جاتی ہے۔ ظاہر ہے کہ سو سال کی تنقید کے باوجود غالب کو شیشے میں اتارا نہیں جاسکا ہے۔

غالب کی شاعری میں ہر طرح کے عناصر تلاش کیے جاچکے ہیں اور کیے جاتے رہیں گے۔ انہیں کل تک جاگیر دارانہ دور کا ایک شاعر کہنے والے بھی ان کے کلام سے حرکت و عمل کا پیغام نکال لائے ہیں اور انہیں کسی قدر رجائی اور افادی شاعر ثابت کر رہے ہیں۔ دوسری طرف آج کا Establishment انہیں "سیکولر" ثابت کر کے اردو والوں کی اشک شوئی کر رہا ہے۔ پاسترناک نے میکافسکی کے بارے میں لکھا تھا کہ اس کا کلام درسی کتابوں میں لازمی قرار دیا گیا اور اس کی "دوسری

موت" ہوئی ہے۔ اس میں اس کا اپنا ہاتھ نہ تھا۔ میں کچھ اس قسم کی بات کہنے کی جرأت کر رہا ہوں۔ جشن غالب میں غالب کا ہاتھ نہیں ہے۔ ہاں غالب پرستوں کی بن آئی ہے۔ میتھو آرنالڈ نے ورڈزورتھ کے پرستاروں کے بارے میں کہا تھا کہ یہ لوگ ورڈزورتھ کو غلط وجوہ کی بنا پر چاہتے تھے۔ غرضیکہ پرستار غالب کے ہوں یا ورڈزورتھ کے۔۔۔ دونوں کے یہاں یکساں رویہ پایا جاتا ہے۔

ایک پولش ناقد جان کاٹ (John Kott) نے شیکسپیئر کو اپنا ہم عصر ٹھہرایا ہے۔ میں غالب کو اپنا ہم عصر کہتے ہوئے خوفزدہ ہوں، اس لیے کہ آج کا باغی شاعر یا ادیب غالب کی بے پناہ انانیت کے سامنے مبہوت سا ہو جاتا ہے۔ اس لیے یہ زخمی انانیت ہے اور جس کی بنیاد خوف ہے اور جس کی تسکین تقریباً ناممکن ہے۔ لیکن اس انا کے فروغ نے غالب کے ذہن کو وہ جولانی بخشی کہ ان کی فکر باغی ذہن کو ایک طرف مبہوت کرتی ہے تو دوسرے لمحے ایک Magnet کی طرح اپنے پاس بلاتی ہے، یوں کہ ایک طرح کا ردو قبول کا سلسلہ شروع ہو جاتا ہے۔ یہ بات تو تقریباً طے ہے کہ غالب نارمل آدمی نہیں تھے یعنی وہ کبھی احساس برتری میں مبتلا ملتے ہیں اور کبھی احساس کمتری میں ڈوبے، غرضیکہ ان کا مزاج پارے کی طرح قرار نہیں پاتا۔۔۔ ایک جگہ اپنا تعارف یوں کرتے ہیں،

لب خشک در تشنگی مردگاں کا
زیارت کدہ ہوں دل آزردگاں کا
ہمہ ناامیدی، ہمہ بدگمانی
میں دل ہوں فریب وفا خوردگاں کا

ظاہر ہے کہ یہ خیالات کسی "متوازن اور صحت مند" ذہن کے نہیں ہو سکتے۔ "زیارت کدہ" بننے تک ان کو کتنی بار خود کشی کرنی پڑی ہو گی۔ لیکن واقعہ سخت ہے اور جان عزیز۔۔۔ یاسیت میں تقریباً غرق ہو جانے کے باوجود حقیقت کا دامن نہ چھوڑنا ہی غالب کی شاعرانہ بصیرت کا ثبوت ہے۔ جارج اسٹائیسز نے ہومر کی عظمت کا اعتراف کرتے ہوئے لکھا ہے کہ وہ دیوتاؤں کی زور آزمائی کے دوران ایک بظاہر نہایت معمولی سی بات کہہ جاتا ہے اور اس طرح دیومالائی دنیا میں رہتے ہوئے بھی ارضی حقیقت نگاری کا ثبوت دیتا ہے۔ غالب بھی فلسفیانہ موشگافیوں کے دوران زیر لب ایک ایسی بات کہہ جاتے ہیں،

لوں دام بخت خفتہ سے، یک خواب خوش ولے
غالب! یہ خوف ہے کہ کہاں سے ادا کروں

غالب کی شخصیت میں قابل فخر بے راہ روی تھی۔ یتیمی کا غم، کمسنی کی شادی، بچوں کی متواتر موتیں، مسلسل معاشی پریشانیاں، بے کاری اور "بے ہنری۔۔۔" اور اگر یہ دشواریاں نہ بھی ہوتیں، تب بھی میرا خیال ہے کہ وہ آسودگی، سکون، عزت اور اس طرح کی دوسری "سماجی زنجیریں" زیادہ دنوں تک برداشت نہ کرتے۔ وہ بنیادی طور سے ایک بوہمین تھے۔ انہیں دہلی میں رہتے ہوئے بھی ایک طرح کی "جلاوطنی" کا احساس تھا اور یہ بات ان کے رومینٹک ایگزائل Ramantic Exile ہونے کے ثبوت میں پیش کی جا سکتی ہے اور یہ احساس انہیں اپنے ماحول سے مفاہمت کی کوششوں کے باوجود مطابقت پیدا کرنے نہیں دیتا۔ وہ مقبول عام کی سند انہیں شرطوں پر چاہتے تھے۔ حریص ہونے کے باوجود ان میں بلا

کی قناعت تھی۔ "استادشہ" سے چشمک کی بات یونہی نہیں ہے ورنہ وہ کسی کو خاطر میں نہ لاتے تھے۔ ایسی ہی پیچیدہ شخصیت میں وہ طنز فروغ پاتا ہے جس کی "نشتریت" وقت بھی نہیں کم کرپاتا،

ہم کہاں کے دانا تھے کس ہنر میں یکتا تھے
بے سبب ہوا غالب دشمن آسماں اپنا

یہ شعر کہنے والا غالب اپنے کو شعر وادب میں یکتا سمجھتا تھا۔ مگر زمانے کی ناقدری دیکھ کر اس دور کے مروجہ اخلاق پر وار کر جاتا ہے اور یہ وار ہر دور میں Esteblishment پر کیا جا سکتا ہے۔ غالب اپنی ذات کی تلاش میں اپنے ذہن کو بیدار رکھتے ہیں اور صرف جبلتوں کے سہارے جذب کی دنیا میں نہیں جاتے۔ شاید سرور صاحب نے اسی نکتہ کو پیش نظر رکھ کر کہا تھا کہ "غالب نے اردو شاعری کو ذہن دیا۔"

وہ "میں" کو یکسر بھول کر "تو" میں ڈوبنا چاہیں بھی تو یہ کوشش خواہش ہی تک رہتی ہے، اس لیے کہ وہ اس راز کو بخوبی جانتے تھے کہ ذات کی مکمل تلاش ہمیشہ ہی رہتی ہے البتہ اس جستجو میں شخصیت کی نئ تشکیل ہو جاتی ہے اور نئے Dimension اور Vision کے اضافے ہوتے رہتے ہیں اور ہر حادثے، واقعے اور موڑ کے بعد شکست وریخت کا سلسلہ بھی جاری رہتا ہے۔ ان کے احساسات کی شدت انہیں اس منزل پر پہنچا دیتی تھی جو عام لوگوں کی نظر میں "بانکپن" نظر آتا ہے اور یہی شدت انہیں وہ شعری تخیل عطا کرتی تھی کہ الفاظ و معنی اپنے مروجہ استعمال سے الگ ہو کر نئ سمتیں اور ہیئتیں پیدا کرتے تھے،

ہمارے ذہن میں اس فکر کا ہے نام وصال
کہ گر نہو تو کہاں جائیں ہو تو کیوں کر ہو

وصال کو "فکر" کا نام دینا ظاہر صوفیانہ خیال ہے مگر اس شعر میں غرق ہونے کے بعد پتہ چلتا ہے کہ ہم آہنگی کی ناممکن جستجو کی خواہش ہے۔ ایک اور شعر سنیئے،

دل کو میں اور مجھے دل محو وفا رکھتا ہے
کس قدر ذوق گرفتاری ہم ہے ہم کو

پل صراط سے گزرنے کا خیال آنا ہیبت ناک نہیں معلوم ہوتا جتنا کہ اپنی ذات کے کشف میں سماجی اور ذہنی جالے توڑ کر پرواز کرنا اور جبھی تو اس بیاباں کا پتہ چلتا ہے جو چار دیواری سے بہتر نظر آتا ہے،

نقصاں نہیں جنوں میں بلا سے ہو گھر خراب
سو گز زمیں کے بدلے بیاباں گراں نہیں

پاتا ہوں اس سے داد کچھ اپنے سخن کی میں
روح القدس اگرچہ مرا ہم زباں نہیں

"روح القدس" بھی "کچھ داد" سے آگے نہ جا سکا۔ غالب نے غزل کے دائرے میں رہ کر خیال وفکر کے وہ تجربے کیے ہیں کہ سو سال کے بعد بھی ہم ان کی قدر وقیمت پوری طرح نہیں سمجھ سکتے۔ ظ۔ انصاری نے غالب کی شاعری کو "بدن چور شاعری" کہا۔ اسی لیے غالب پر ہر زاویے سے لکھنے، سوچنے اور سمجھنے کی کوشش ہمیشہ ناتمام رہتی ہے اور اسی لیے مجھے غالب سے خوف آتا ہے کہ یہ شاعر ہر نئے مطالعے میں کچھ نئے گوشے کھولتا ہے اور کچھ گرہیں کستا ہے،

کمال گرمی سعی تلاش دید نہ پوچھ
برنگ خار مرے آئینے سے جوہر کھینچ

دہلی میں (اور آج کراچی میں محمد حسن عسکری ذوق پر اسی لیے کتاب لکھ رہے ہیں کہ غالب کو غیر اسلامی شاعر ثابت کیا جا سکے) سیکڑوں ایسے "اہل ہنر، متوازن اور صحت مند لوگ" تھے (تنہا مرزا عیش ہی نہ تھے) جنہیں غالب کے کلام اور شخصیت سے ایک Rebel Heretic کی بو آتی تھی۔ ورنہ غالب کو چڑ کر یہ کہنے کی ضرورت نہ تھی، گر نہیں ہیں مرے اشعار میں معنی نہ سہی۔

جبکہ انہیں صلہ کی پروا بھی تھی اور ستائش کی تمنا بھی کیونکہ یہ فطری تقاضہ ہے البتہ وہ "بازار کی مانگ" دیکھ کر شاعری نہ کر سکے گو کہ انہوں نے قصائد بھی لکھے ہیں مگر انہیں وہ ایک طرح کی "کمرشیل رائٹنگ" سمجھتے ہیں جب ہی تو بلا جھجک ایک ممدوح کا نام بدل کر دوسرے کا نام ڈال دیتے تھے۔

'تنہائی' غالب کا خاص موضوع ہے۔ وہ اس کو ہر رخ سے دیکھ، پرکھ اور برت چکے تھے۔ اپنی پہلی غزل کے دوسرے شعر میں وہ اس کا اظہار کرتے ہیں۔ تنہائی کے سماجی اور نفسیاتی عوامل کی بحث کا یہ موقع نہیں ہے، صرف اشارہ کرنا ہی مناسب ہے۔ گھر میں خاصی رونق تھی۔ احباب اور رشتہ داروں اور شاگردوں کا ایک لمبا سلسلہ تھا مگر یہ تنہائی کا زہر ان کی رگ رگ میں سما چکا تھا۔ کبھی کبھی یہی احساس انہیں زندگی کی مقصدیت سے منحرف کر دیتا تھا۔ میں یہ نہیں کہتا کہ وہ شعوری طور سے بے معنویت کی طرف آ گئے تھے اور انہوں نے رسم ورواج کو یکسر رد کر دیا تھا۔ مگر ان کا تعلق خدا، جنت و جہنم اور دوسرے مذہبی عقائد اور رسوم سے ٹوٹا ٹوٹا

ساتھا۔ خالق اور کائنات سے بے تعلقی کا اظہار اکثر جگہ ملتا ہے۔ ظاہر ہے کہ Irony (طنزِ ملیح) کے پردے میں ہی یہ اظہار ممکن تھا،

ہم بھی کیا یاد کریں گے کہ خدا رکھتے تھے

سے لے کر،

دوزخ میں ڈال دو کوئی لے کر بہشت کو

تک کا سفر انحراف کی منزلوں کا سفر ہے اور یہ سفر تنہا ہی طے کیا جا سکتا ہے۔ غالب کی اذیت کوشی اور خواہش مرگ (Death Wish) کی بے شمار مثالیں ہیں، یہاں پر صرف چند اشعار پیش کرتا ہوں،

مجھ کو وہ دو کہ جسے کھا کے نہ پانی مانگوں
زہر کچھ اور سہی، آب بقا اور سہی

منحصر مرنے پہ ہو جس کی امید
ناامیدی اس کی دیکھا چاہئے

واحسرتا کہ یار نے کھینچا ستم سے ہاتھ
ہم کو حریص لذت آزار دیکھ کر

وحشت آتش دل سے شب تنہائی میں
صورت دود رہا سایہ گریزاں مجھ سے

غالب نے زمانے کے سرد وگرم کے سارے مزے چکھے تھے۔ انہیں علم تھا کہ ع، یاں تو کوئی سنتا نہیں فریاد کسی کی اور اس سے بڑھ کر وہ آدمی کے لالچ، کمینگی، رشک و حسد، نفرت و محبت سے واقف تھے۔ بلکہ شاید وہ خود ان جذباتی مراحل سے

گزر چکے تھے جب ہی تو اتنی بے باکی سے کہہ سکتے تھے،

پانی سے سگ گزیدہ ڈرے جس طرح اسد
ڈرتا ہوں آدمی سے کہ مردم گزیدہ ہوں

اس منزل تک پہنچ کر بھی صرف یہ معلوم ہوتا ہے کہ غالب دنیا کی بربریت سے اچھی طرح واقف ہیں اور انتہائی تلخ موڈ کی بہترین ترسیل کر گئے ہیں۔ ان سے ان کو "انسان دشمن" ثابت کرنا نہایت مہمل بات ہوگی۔ بالکل اسی طرح ان کے دوستانہ اشعار سے یہ ثابت کرنا کہ وہ انسان دوستی کا پیغام دے رہے ہیں۔ اصل میں غالب موڈس کے شاعر ہیں۔ وہ کیفیتوں کو لفظی تصویروں میں ڈھالتے چلے جاتے ہیں۔ ایسے لمحے بھی ان پر گزرتے ہیں کہ نہایت جرأت سے غم کا مقابلہ کرتے ہیں اور فخریہ کہتے ہیں،

غم نہیں ہوتا ہے آزادوں کو بیش از یک نفس
برق سے کرتے ہیں روشن شمع ماتم خانہ ہم

لیکن اس غزل کے مقطع تک پہنچتے پہنچتے وہ ایک اور ہی عالم میں چلے جاتے ہیں،

دائم الحبس اس میں ہیں لاکھوں تمنائیں اسد
جانتے ہیں سینہ پر خوں کو زنداں خانہ ہم

وہ لوگ جو صرف "لفظ و معنی" کی جستجو میں رہتے ہیں، ان کیفیتوں کی تہہ داریوں سے واقف کم ہی ہوتے ہیں اس لیے کہ غالب ہر بار ریزہ ریزہ ہو کر از سر نو جنم لیتے ہیں اور پھر،

میں اور اک آفت کا ٹکڑا وہ دل وحشی کہ ہے
عافیت کا دشمن اور آوارگی کا آشنا

سو بار بند عشق سے آزاد ہم ہوئے
پر کیا کریں کہ دل ہی عدو ہے فراغ کا

جی نہیں یہ دل نہیں یہ غالب خود ہیں۔ وہ ریشم کے کیڑے کی طرح زندگی پسند نہیں کرتے تھے بلکہ وہ ققنس کی طرح اپنی راکھ سے بار بار جنم لیتے رہتے تھے اور اس اذیت کوش لذت سے بھی واقف تھے جس کی مصوری یوں کی ہے،

اس شمع کی طرح سے جس کو کوئی بجھادے
میں بھی جلے ہوؤں میں ہوں داغ ناتمامی

اور انہیں اس کا بھی علم تھا کہ کربناکی کی داستان کا شیرازہ ہر بار کیوں بکھرتا ہے۔ چشم کو چاہئے ہر رنگ میں واہو جانا۔

غالب ہر رنگ کو دیکھنے ہی کے آرزومند نہ تھے بلکہ وہ ہر طرح کے مزے سے واقف بھی تھے۔ ان کے یہاں لمس کی بڑی اہمیت ہے خواہ وہ زہر ہی کیوں نہ ہو، وہ اسے چکھے بغیر نہیں رہ سکتے تھے۔ یہ ہر چیز کو چھونے، سونگھنے، پرکھنے، دیکھنے اور برتنے کا جنون انہیں ایک پراسرار شخصیت عطا کرتا ہے۔ ان کے یہاں تبسم زیر لبی سے لے کر بلند قہقہے گونجتے ہوئے سنائی دیتے ہیں اور وحشت کا یہ عالم بھی ہے،

سر پھوڑنا وہ غالب شوریدہ حال کا
یاد آگیا مجھے تری دیوار دیکھ کر

ظاہر ہے جو شخص بے شمار متضاد کیفیتوں کی سطحوں اور تجربات کی تہوں کا

شاعر ہو گا، اس کے کلام پر انگلی رکھنا تقریباناممکن ہے۔

لکھتاہوں اسد سوزش دل سے سخن گرم
تار کھ نہ سکے کوئی مرے حرف پہ انگشت

غالب کی شاعری کا ایک بے حد پر لطف پہلو ہے "تماشا۔" انگریزی میں کہا گیا ہے: "کھیل (تماشا) ہی سب کچھ ہے" (The play is the thing) انہوں نے "تماشا" کے لفظ کو مختلف موقعوں پر اس طرح استعمال کیا ہے کہ مجھے یقین سا ہونے لگتا ہے کہ وہ اپنی انا (Ego) کو اپنے سے الگ کر کے دیکھنے کا بھی ہنر رکھتے تھے۔ یہی نہیں وہ ذوق تماشا بھی رکھتے تھے اور خود کو تماشا بنا کر تماش بین بھی بن جاتے تھے،

"دیکھنے ہم بھی گئے تھے پہ تماشا نہ ہوا۔"

میری ناچیز رائے میں شاید ہی کسی اردو شاعر نے "تماشا" کے اتنے مختلف روپ کا اتنے مختلف زاویوں سے جائزہ لیا ہو۔ چند اشعار یہ ہیں،

تماشا کر اے محو آئینہ داری
تجھے کس تمنا سے ہم دیکھتے ہیں

دکھاؤں گا تماشا دی اگر فرصت زمانے نے
مرا ہر داغ دل اک تخم ہے سرو چراغاں کا

اگا ہے گھر میں ہر سو سبزہ ویرانی تماشا کر
مدار، اب کھودنے پر گھاس کے، ہے میرے درباں کا

حسد سے دل اگر افسردہ ہے، گرم تماشا ہو
کہ چشم تنگ، شاید کثرت نظارہ سے وا ہو

غالب کی ہر دل عزیزی کا ایک اور پہلو بھی ہے، وہ ہے ان کی wit (مزاح) اور Irony (طنز ملیح) کا نہایت انوکھا امتزاج۔ وہ جبر کے قائل ہوتے ہوئے بھی سوال کرنے سے باز نہیں آتے۔ ان کے مزاح میں ایک ایسی شگفتگی ہے جو آنسوؤں کو بھی ہنسی کا حصہ سمجھتی ہے،

ہوا جب غم سے یوں بے حس تو غم کیا سر کے کٹنے کا
نہ ہوتا گر جدا تن سے تو زانو پر دھرا ہوتا

نام کو ہے مرے وہ دکھ کہ کسی کو نہ ملا
کام میں میرے ہے وہ فتنہ کہ برپا نہ ہوا

غالب اسی لیے زہر خند کر سکے کہ وہ "رقص شرر" کی پوری روداد جانتے تھے اور جو شخص توقع مٹا کے آگے جا چکا ہو، وہ ہی اصل میں قہقہہ لگانے کا پورا حق رکھتا ہے۔ غالب کا مزاج ان کے یاسیت میں ڈوب کر تیزی سے ابھرنے کی رفتار نے پیدا کیا ہے، اس کے لیے بڑا جگر ہی نہیں بڑی گمبھیر شخصیت بھی چاہئے۔ یارب سے جس انداز میں غالب نے خطاب کیا ہے وہ سر ڈاکٹر محمد اقبال کے بس کی بات نہ تھی،

کیوں نہ فردوس میں دوزخ کو ملا لیں یارب
سیر کے واسطے تھوڑی سی فضا اور سہی

غالب کی تلاش ذات، تنہائی، موڈس، اذیت کوشی اور آرزوئے مرگ کی چند مثالیں دے کر میں ہرگز یہ ثابت نہیں کرنا چاہتا کہ میں غالب کو پہچانتا ہوں۔ میں تو دیوان غالب کا کبھی الف سے یے تک ایک نشست میں مطالعہ کر ہی نہیں پاتا۔ چند صفحات کے بعد دیوان الگ رکھ دیتا ہوں، اس لیے کہ مجھے معلوم ہے کہ غالب سے

ہر ملاقات ادھوری ہی رہے گی۔ ژال کاکتو کے بارے میں کہا جاتا ہے کہ وہ ایک درجن ذہنوں کا مالک تھا۔ میں صرف یہ کہنے کی جرأت کروں گا کہ غالب نے صرف نثر و نظم ہی لکھی مگر ان کے اندر ایک مصور، ایک ایکٹر، ایک کیمرا مین اور ایک مفکر چھپا ہوا تھا اور پھر اور بھی کتنے روپ ہیں۔ اس لیے ان سے مل کر ایک "خوشگوار خوف" جنم لیتا ہے۔

(یہ مضمون جشن غالب علی گڑھ مسلم یونیورسٹی کے ایک اجلاس میں مارچ ۱۹۶۹ء میں پڑھا گیا تھا)

***

میر تقی میر اور ہم

ہوں زرد غمِ تازہ نہالانِ چمن سے

اس باغ خزاں دیدہ میں برگ خزاں ہوں

اور برگ خزاں کے لیے اٹھارہویں صدی کا ہندوستان اور آج کے عہد میں مماثلتیں تلاش کر لینا دشوار نہیں ہے۔ وہ جاگیردارانہ بربریت کا دور تھا اور آج مغربی طرز کی جمہوری "آمریت" کا دور دورہ ہے۔ کل نادر شاہ اور احمد ابدالی قتل عام کا بازار گرم رکھتے تھے اور آج جبری الیکشن (آسام میں ۸۳ء) اور میرٹھ کا نیا قتل عام اور فرقہ پرستی کا تشدد روزوشب قتل عام جاری رکھے ہوئے ہے۔ فرق یہ کہ واویلا اور آہ وفغاں کی صدائیں جابر حکمرانوں کے شور نشور کی طرح ابھرتی تھیں اور آج ہم سکتے کے عالم میں اخبارات کی سرخیاں پڑھتے ہیں۔۔۔

بہت عرصہ ہوا، آڈن نے چیکوسلاویہ کے ایک گاؤں (شاید لیڈیچ) کی مکمل تباہی کی خبر پڑھ کر لکھا تھا۔۔ نازی مظالم کی شدت اتنی بڑھ گئی ہے کہ میں اپنی اشتہا کھو بیٹھا ہوں پھر بھی عادتاً ناشتہ کرتا ہوں۔۔۔ "یعنی متوسط طبقے کا فنکار چاروں طرف پھیلی ہوئی دہشت کو خاموشی سے دیکھتا ہے اور اپنی بے بسی پر آنسو بھی بہاتا ہے۔ امریکہ کے بیٹ جنریشن کے شاعر طنزاً کہا کرتے تھے کہ "ہم تو ہیروشیما کی

اولادیں ہیں۔۔۔" وہ اپنے حکمرانوں کو یاد دلانا چاہتے ہیں کہ دوسری جنگ عظیم میں جاپانیوں سے کم ان کے مظالم نہیں تھے لیکن ہم اپنے کو تقسیم ہند کی اولادیں نہیں کہہ سکتے جیسا کہ سلمان رشدی اپنے کو کہتا ہے، اس لیے کہ آزادی کا سورج جب طلوع ہوا تو ہمارے شعور نے اپنی "پہلی زخمی" انگڑائی لی تھی۔۔۔

میر نے دوبارہ دہلی کو اجڑتے دیکھا تھا۔ میں نے صرف ایک بار دہلی کے کچھ حصوں کو جلتے دیکھا تھا۔ ہمارا پہلا تعلق میر سے اس وقت پیدا ہوا تھا۔ ادھر پاکستان میں ناصر کاظمی اور ابن انشا میر کے لب ولہجے میں غزلیں کہہ رہے تھے اور ادھر ہندوستان میں جو چند شاعر اس رنگ میں طبع آزمائی کر رہے تھے، اس فہرست میں میرا نام بھی شامل تھا۔ میرے دو شعر میر کی مشہور زمین میں تھے،

شہروں شہروں، ملکوں ملکوں آوارہ ہم پھرتے ہیں
راہ وفا کا ذرہ ذرہ نام ہمارا جانے ہے
میر ہوئے تھے کل دیوانے آج ہوئے ہیں ہم دیوانے
فرزانوں کی یہ دنیا انجام ہمارا جانے ہے

میرے پہلے دوست خلیل الرحمن اعظمی کے دو شعر تھے،

خوار ہوئے بدنام ہوئے بے حال ہوئے رنجور ہوئے
تجھ سے عشق جتا کر ہم بھی نگر نگر مشہور ہوئے
میر کے رنگ میں شعر کہے ہے تجھ کو یہ کیا سودا ہے
اعظمی اس سورج کے آگے کتنے دیے بے نور ہوئے

ظاہر ہے یہ غزلیں اب کوئی اہمیت نہیں رکھتیں اور پھر میر سے، کون شاعر ہے

جو قرابت رکھنا پسند نہیں کرتا، اس لیے کہ اپنی "بد دماغی" کی شہرت کے باوجود میر کی شعری شخصیت اپنے قاری سے فوری تعلق قائم کر لیتی ہے۔ یہی طلسمی رشتہ ہے جو ہم سب کو میر تقی میر کا گرویدہ بنائے ہوئے ہے۔ ایک عرصہ گزرا کہ حسن عسکری نے لکھا تھا، "۱۹۴۹ء کی دنیا کے لیے میر کی شاعری کہیں زیادہ معنی خیز ہے۔ اس لیے نئے غزل گوؤں کی طبیعت کو میر سے ایک فطری علاقہ ہے۔" (انسان اور آدمی، ص ۲۲۵، پاکستانی اشاعت ۱۹۵۳ء)

اس کی وجہ تقسیم ہند کے قتل عام کو قرار دیا گیا تھا اور آج (۱۹۸۸ء) میں بھی بڑے عالمی پیمانے پر قتل و غارت گری کا بازار گرم ہے۔ اس کے معنی ہیں کہ انسانی تاریخ ایک نظریے سے خون معصوم سے رنگی ہوئی ہے، جب ہی تو سیمول بیکٹ کہتا تھا کہ دو ہی رشتے ہیں آقا کے مظالم اور غلام کی بغاوت۔ ان ہی دونوں کی کشمکش ہی تاریخ ہے۔ ممکن ہے یہ یک طرفہ نظریہ ہو، اس کی صداقت ادھوری ہو مگر اس میں حقیقت کی روشن پرچھائیاں ہیں۔ میر تو اپنے عہد کے سچے ترجمان تھے۔ میری رائے میں میر کی شاعری صرف ہنگاموں کے دور ہی میں ہماری پناہ گاہ نہیں ہے بلکہ امن کے مختصر وقفے میں ہماری ہم آواز ہے۔ زندگی کی سب سے بڑی حقیقت "غم" تھا اور آج بھی ہے۔

غم کے کیا معنی ہیں؟ بھوک، پیاس، دربدری، معاشی جدوجہد کی مسلسل ناکام کوششیں، ہجرت اور پھر موت کی پیہم خواہش۔ اس لیے نجات کی ساری راہیں عذاب الیم سے ہو کر گزرتی ہیں اور اس سفر کا زاد راہ "صبر" ہے۔ میر کی شعری شخصیت کا پہلا پتھر "صبر" تھا۔ کمسنی میں یتیمی، کم عمری میں تلاش معاش، عزیزوں

اور شتہ داروں کی بے رخی، محسنوں کا قتل اور بار بار سر پر مسلسل آلام کی دھوپ، رات آتی بھی ہے تو ایک عذاب اور ساتھ لاتی ہے بے خواب اور بے قراری۔۔۔ ایک کم عمر لڑکا ان بحرانی حالات میں پروان چڑھتا ہے تو اکثر اس کی شخصیت ٹھٹھر کر رہ جاتی ہے لیکن میر تو اس برگد کی طرح تھے جس کی شاخیں آندھیوں کو بھی جذب کر لیتی ہیں،

خو گر ہوئے ہیں عشق کی گرمی سے خار و خس
بجلی پڑی رہی ہے مرے آشیاں کے بیچ

ہاں میر کی "ذہنی آنکھیں" متواتر خوں فشاں رہی تھیں۔ یہی ایک سکوں بخش "شغل" تھا۔ میر کی آنکھیں بقا کی بد دعا کی وجہ سے "دوآبہ" نہیں بنی تھیں بلکہ وہ "تاریخی آنکھیں" ہیں جو ظالم کو آنسوؤں کی زبان میں رقم کرتی ہیں اور یہ آنسو ایسے تھے کہ آج تک وہ کاغذ نم ہے جس پر یہ ٹپکے تھے۔

میرے رونے کی حقیقت جس میں تھی
ایک مدت تک وہ کاغذ نم رہا

میر کے علاوہ شاید کسی اردو شاعر نے آنسوؤں کو اتنی غیر معمولی اہمیت نہیں دی ہے۔ "صبر" کے آنسو ہیں،

بہت روئے جو ہم یہ آستیں رکھ منہ پہ اے بجلی
نہ چشم کم سے دیکھ اس یادگار چشم گریاں کو

میر سے پہلے یہ کسے معلوم تھا،

کیونکہ کہیے کہ اثر گریہ مجنوں کو نہ تھا

گرد نمناک ہے اب تک بھی بیابانوں کی

اور صبر کی انتہائی کیفیت کا اندازہ بھی میر ہی کو تھا،

رکا جاتا ہے جی اندر ہی اندر آج گرمی سے

بلا سے چاک بھی ہو جائے سینہ ٹک ہوا آوے

پاؤں کے نیچے کی مٹی بھی نہ ہو گی ہم سی

کیا کہیں عمر کو اس طرح بسر ہم نے کیا

یک جا نہ دیکھی آنکھوں میں ایسی تمام راہ

جس میں بجائے نقش قدم چشم تر نہ ہو

ہر اشک میرا ہے دُرِ شہوار سے بہتر

ہر لخت جگر، رشک عقیق یمنی ہے

ہر اک مژگاں پہ میرے اشک کے قطرے جھمکتے ہیں

تماشا مفت خوباں ہے لب دریا چراغاں ہے

اضطراب کی تڑپ کا اتنا خوبصورت اظہار شاذونادر ہی ہوا ہو گا،

بے کلی مارے ڈالتی ہے نسیم

دیکھیے اب کے سال کیا ہوئے

غم کی شدت، بے خوابی، اضطراب، نالہ وشیون، حیرت زدگی اور ان تمام کیفیات کا نفسیاتی اظہار اس وقت تک اردو شاعری میں نہیں ہوا تھا اور یہ میر کے ذہن ودل کی معجز نمائی تھی کہ سیلاب غم شعروں میں یوں جذب ہوا ہے کہ اس کی روانی آج تک باقی ہے مجھے کچھ حیرت ہوتی ہے کہ یہ لغو بحث آج تک جاری ہے کہ

میر قنوطی تھے یا نہیں؟ آخر وہ بے کسی اور بے بسی کا اتنا ماتم کیوں کرتے ہیں؟ ان سوالات کے جوابات دیتے ہوئے یہ یاد رکھنا ضروری ہے کہ میر کی شخصیت "صبر" کے خمیر سے ابھری تھی اور اس کا پہلا امتحان کامیاب عشق کی ناکامیاں تھیں۔ دوسرے ہمارے ملک میں نالہ شیون کی ایک زیست افزا رسم ہے کہ انسان کو سکون ملتا بھی ہے اور نہیں بھی ملتا ہے۔ یعنی آہ وفغاں اور صبر کا امتزاج اور میر جس طبقے میں حالات کی سخت گیری کی وجہ سے شامل ہو گئے تھے وہ طبقہ اپنے "غم" کا اظہار ہمیشہ بے باکی سے کرتا رہا ہے۔ میر نے کاغذی نہیں بلکہ غربت، قناعت اور صبر کے مختلف منازل کے ذاتی تجربے کیے ہیں۔ عشق کے صبر کے سلسلے کے چند شعر پڑھیے تو "آتش سیال" کا کچھ اندازہ ہو سکے گا،

بدرساں اب آخر آخر چھا گئی مجھ پہ یہ آگ
ورنہ پہلے تھا مرا جوں ماہ نو دامن جلا
پیدا ہے کہ پنہاں تھی آتش نفسی میری
میں ضبط نہ کرتا تو سب شہر ہی جل جاتا
جو آنسو آویں تو پی جا کہ تا رہے پردہ
ملا ہے چشم تر افشائے راز کرنے کو
میں صید رسیدہ ہوں بیابان جنوں کا
رہتا ہے میرا موجب وحشت میرا سایا

اپنی وارفتگی کو شعری قالب دینا ایک ایسے ہنر مند ذہن کی علامت ہے جو اپنے نازک سے نازک احساسات کو زبان دینے کا فن جانتا ہے،

کس کے کہنے کو ہے تاثیر کہ اک میری ہے

رمز وایماء واشارات وکنایت کیجئے

یہ ہنر مندی کا فیض تھا کہ میر نے آلام ومصائب کو سلیقگی سے اپنایا۔ وہ ہمیشہ عام آدمی کی بنیادی ضرورتوں کو پورا کرنے کی دھن میں لگے رہے تھے اور مرنے کی خواہش کے باوجود میرؔ نے کبھی خودکشی نہیں کی۔ انہوں نے جو بار بار اظہار غم کیا ہے تو اس سلسلے میں یگانہ نے ایک دلچسپ نکتہ پیش کیا ہے،

صبر اتنا نہ کر کہ دشمن پر

تلخ ہو جائے لذت آزار

میر اپنے غم کی وسعت اور صبر کے حدود سے واقف تھے،

بے تابیوں کو سونپ نہ دینا کہیں مجھے

اے صبر میں نے آن کے لی ہے تری پناہ

میر کی شاعری میں وہ مصنوعی کشمکش دل ودماغ میں نہیں ہے جو ہمارے زمانے کے سر ڈاکٹر محمد اقبال کے یہاں "عقل وعشق" کے نام نامی سے مشہور ہوئی۔ ہاں ان کا عشق مجازی ہوتے ہوئے بھی عبودیت کی منزلیں طے کرتا ہوا معلوم ہوتا ہے۔ اس میں جنسی تشنگی بھی ہے،

بے تاب وتواں یونہی کاہے کو تلف ہوتا

یاقوتی ترے لب کی ملتی تو سنبھل جاتا

اور اس میں لذت واذیت بھی ہے،

دل سے مرے لگا نہ ترا دل ہزار حیف

یہ شیشہ ایک عمر سے مشتاق سنگ تھا

ان کی زندگی اور شاعری کا سب سے حرکی پہلو عشق ہے اور انہوں نے اس کو عظیم تخلیقی قوت سے منسلک کرکے ایک آفاقی سطح بخشی ہے۔ فراق نے آج سے ۴۳ برس پہلے لکھا تھا، "عشقیہ شاعر کو خواہ غزل کا ہو یا نظم کا، اپنے عرق میں ہی پکنا چاہئے۔ سوز و ساز عشق سوزوساز حیات بن کر کچھ ہو جاتا ہے۔ مثنوی زہر عشق خلوص اور شدت کے باوجود پر عظمت شاعری نہیں ہے۔ میر کے سیکڑوں عشقیہ اشعار کی عظمت ان کی خلاقانہ مرکزیت، وسیع اور دوررس اشاریت میں ہے۔ ان کی آفاقیت میں چھپی ہے۔ میر شدت جذبات کا شاعر نہیں ہے۔ وہ تخیل کا بھی بادشاہ ہے، وہ آپ بیتی کو جگ بیتی بنا دیتا ہے۔" (اردو کی عشقیہ شاعری، ص ۲۳، سنگم پبلشنگ ہاؤس، الہ آباد، ۱۹۴۵ء)

صبر، عشق اور غم۔۔۔ میر کے یہاں یہ تثلیث مسیحائی کا درجہ رکھتی ہے جب ہی اتنی طویل کربناک زندگی گزارنے کا حوصلہ رکھتے تھے۔

(۳)

میر کے غم کی نوعیت بظاہر عام غم جیسی ہے مگر انہیں فطرت نے وہ ادراک بخشا تھا کہ معمولی بات کو نہایت خوبی سے تخلیقی جذبے کی مدد سے پر اثر شعر میں بدل دیتا تھا۔ ان کے غم کی پیچیدگیوں کا تجزیہ کیا جائے تو پتہ چلتا ہے کہ شروع ہی سے تنہا تھے۔ غربت میں طفلی کے ایام بسر کرنے والے بچے خاموش اور اداس رہتے ہیں۔ ان کے دلوں میں شرارت کے جذبے کم ہی ابھرتے ہیں۔ وہ آہستہ آہستہ کم گو اور کم آمیز ہو جاتے ہیں۔ ایک انجانی اداسی ان کی رگ و پے میں آہستہ آہستہ

زہر بن کر اترتی چلی جاتی ہے۔ اس طرح ان کے نازک دل نرم، آنکھیں نم ناک اور چہرہ اکثر زرد رہتا ہے۔ پھر عنفوان شباب میں ایسے لڑکے کے دل پر پہلی کاری ضرب لگتی ہے تو یہ چوٹ تمام عمر نہیں بھول پاتے،

روز آنے پہ نہیں نسبت عشقی موقوف
عمر بھر ایک ملاقات چلی جاتی ہے

یہ صرف میر کا ظرف تھا کہ انہوں نے پہلے عشق کے غم کو صبر میں پروان چڑھایا اور اسے "جوانی کی لغزش" سمجھ کر بھلا نہیں دیا۔ ان کی شخصیت لاکھ "غم خور" سہی مگر وہ اپنے مزاج داں بھی تھی اور پھر یہ عشق یک طرفہ نہ تھا ورنہ اس میں اتنی شدت اور تیزابی کیفیت نہ ہوتی۔ میر نے صبر، عشق اور غم کو ایک فنکار کی ہنر مندی کے تمام جواہر کے ساتھ اپنایا تھا۔ وہ ایک کھلی ہوئی شخصیت کے مالک تھے۔

کچھ رنج دلی میر جوانی میں کھنچا تھا
زردی نہیں جاتی مرے رخسار سے اب تک

ان کی شخصیت کو منقسم کہنے والے جینیس کے عناصر سے واقف نہیں ہیں ورنہ وہ یہ نہ کہتے۔ اس لیے سید عباس جلال پوری میر کو سمجھنے سے قاصر رہ گئے ہیں۔ وہ ان کے اولین عشق کو ان کی بدفعلی کہتے ہیں، یہ نہیں سمجھتے کہ میر کی شخصیت اور شاعری کی بنیاد اسی کامیاب عشق کی "ناکامیوں" نے رکھی تھی۔۔۔ میر کا غم کتنا عام سا غم معلوم ہوتا ہے۔۔۔ بھوک اور پیاس کے تجربات تو غریبوں کے معمولات میں ہیں۔ یہی بنیادی تجربے ہیں دو وقت کی روٹی، تن ڈھانکنے کا کپڑا اور سر چھپانے کے

لیے چھت مگر ان اجزا کو حاصل کرنے کی ساری کوشش زندگی کے طلسم خانے کو کھولتی اور بند کرتی ہیں۔ عرصہ ہوا ایک جاپانی فلم دیکھی تھی۔ اس کا ڈائرکٹر کیرو کروسوا (Akiro Kurosowa) تھا، فلم کا نام سات تیغ زن تھا۔ انگریزی میں Seven Sumaria کہتے ہیں۔ اس میں ایک جگہ ایک بہادر، کسان کے بچوں سے کہتا ہے: "تم اپنے والدین کو بزدل نہ سمجھو۔ زندگی کی بقا کی جدوجہد بہادری کی نمائش سے بہتر ہے۔۔۔!" اور میر اسی جدوجہد میں ایک فن کارانہ طریقہ کار کو آئینہ زیست بنا چکے تھے۔

میں کلیات میر میں سفر کرتے ہوئے سوچتا ہوں کہ ان حالات سے نبرد آزمائی کرنے کی قوت کہاں سے آئی ہے کہ وہ قلندروں میں رہ کر بھی ان سے الگ زیست کر گئے؟ ایک جرمن ڈرامانگار پیٹر ویس (Peter Weiss) نے ایک ویت نامی ادیب سے پوچھا تھا کہ ناقابل برداشت حالات میں تم لوگ جیتے کیسے تھے؟ تو اس نے جواب دیا تھا کہ "ہمارے پاس زندگی کے سوا کیا تھا کہ ہم موت کی تمنا کرتے۔" اور میر نے زندگی سے زندہ رہنے کا ہنر اور شاعری کا فن سیکھا تھا۔ اسی لیے وہ کبھی کبھی سرمستی و سرشاری کا "کرتب" دکھاتے تھے۔ ان کی شخصیت بظاہر دو نیم نظر آتی ہے مگر وہ کبھی بھی الگ الگ خانوں میں تقسیم نہیں تھی، کشمکش کے باوجود ذہن و دل میں عجیب ہم آہنگی پیدا ہو گئی تھی،

ہمارے دل میں آنے سے تکلف غم کو بے جا ہے
یہ دولت خانہ ہے اس کا وہ جب چاہے چلا آوے

میر نے یہ شعر صبر کی کس منزل میں کہا ہو گا۔۔۔؟ میں نے شروع میں لکھا تھا

کہ وہ بچے جو صبر کی آغوش میں پرورش پاتے ہیں، کبھی کبھی ان میں سے ایک جری بھی ہوتا ہے۔ پرانی نفسیات ایسے شخص کو ایک مہلک مرض میں مبتلا سمجھتی ہے مگر وجودی ماہر نفسیات آر ڈی لینگ (Lang) کا خیال ہے کہ ہم نارمل آدمی کا تصور ہر شخص پر مسلط نہیں کر سکتے ہیں۔ کون پاگل ہے؟ وہ جو اپنی دھن میں زندگی گزارتا ہے، وہ شخص جو کامیابی کی خاطر قدم قدم پر مفاہمتیں کرتا رہتا ہے؟ میر نارمل آدمی نہیں تھے۔ وہ صرف ایک بار (لوگ کہتے ہیں) پورے پاگل ہوئے اور اس کشمکش نے (جو ان کے اندر تھی) انہیں غیر معمولی تخلیقی قوت عطا کی تھی،

اس دشت میں اے سیل سنبھل ہی کے قدم رکھ

ہر سمت کویاں دفن مری تشنہ لبی ہے

اس شعر کا لب و لہجہ کتنا پر وقار ہے، ایک طرح کی للکار ہے، صحرا نوردی کا سارا کرب اس میں سمٹ کر آگیا ہے۔ یہ پیچیدہ شعر ایک انوکھی کیفیت کا حامل ہے اور یہ نغمہ تشنگی کی نوا ہے۔ ہم اسی سے اپنا رشتہ استوار رکھتے ہیں۔

(۴)

میر کے ساتھ ہماری تنقید کا کیا رویہ ہے؟ زمانے بدلتے رہے مگر اردو تنقید افسوسناک حد تک آہستہ رو رہی ہے۔ میر کبھی گمنامی کا شکار نہیں ہوئے۔ ان کی قبر پر ریل چل گئی تو کیا ہوا، تمام اردو شعراء نے اپنی دھڑکنوں میں ہمیشہ میر کو جگہ دی۔ ان کی کلیات بھی چھپتی رہی مگر وقفے وقفے سے۔ پھر بھی میر کے پر ستاروں کو شکایت رہی کہ ان کی پذیرائی کم ہوئی۔ مجھے اثر لکھنوی اور ڈاکٹر سید عبداللہ سے یہ شکایت نہیں ہے کہ وہ میر کو ہر دل عزیز بنانے میں ناکام رہے ہیں، اس لیے کہ ان

بزرگوں نے اپنی ساری ذہانت کو میر کے مطالعے میں صرف کر دیا ہے مگر برا ہو اردو تنقید کا جو شاعری میں افکار اور احساسات و جذبات کو الگ الگ خانوں میں دیکھنے کی عادی ہے۔

ناصر کاظمی ایسا فہیم شاعر بھی میر پر مضمون لکھتے ہوئے قدم قدم پر جھجھکتا ہے اور آخر میں میر اور اقبال کے یہاں مماثلت تلاش کرنے پر مجبور نظر آتا ہے۔ وارث علوی کی زبان میں "معنی کس چٹان پر بیٹھا ہے" یعنی شاعری میں اقدار وافکار کی جستجو، جذبات اور احساسات سے الگ چہ معنی دارد؟ غالب ایسا عظیم شاعر بھی میر کی استادی کو اس طرح تسلیم کرتا ہے کہ میر کے انداز یعنی سہل ممتنع میں شاعری کی کوشش کرتا رہتا تھا۔ میر کے کلام میں بے پناہ تاثر، زبان میں ندرت، جذبات کے اظہار میں شائستگی اور شعری صداقت، ساری نزاکتوں کا ایک آئینہ در آئینہ سلسلہ ملتا ہے۔

میری رائے میں ۱۸۵۷ء کے تباہ کن اثرات سے ہم بے طرح گھبرا گئے تھے۔ حالی نے غیر شعوری طور سے اس روایت کو مجروح کر دیا جس سے ہم میر سے منسلک تھے۔ میں حالی پر الزام نہیں لگاتا، اس لیے کہ انگریز حکومت کے مہلک اثرات کی وجہ سے ہم آج تک اپنی ثقافتی تفہیم کرنے سے قاصر رہے ہیں۔ کبھی ہم ماضی میں پناہ ڈھونڈتے ہیں بنیاد پرستوں کی طرح اور کبھی مغرب زدہ لوگوں کی بنائی ہوئی "جنت" کو اپنا مستقبل سمجھتے ہیں۔ یہ نہیں جانتے کہ ہمارا ماحول کیا تھا اور اب کیا ہے؟ نہ جانے کس نے ہمیں یہ سمجھا دیا تھا کہ "وقت کی آواز" عشقیہ شاعری کے خلاف ہے جبکہ میر کی شاعری کارزارِ حیات کی سب سے دلکش آواز تھی۔ اسی وقت

سے ہماری تنقید نے میر فہمی کی راہ کھول دی تھی۔ حسن عسکری نے ایک مضمون میں لکھا تھا: "اگر لوگ میر کے اس شعر کی جدلیات کو سمجھ لیں تو جو انقلاب رونما ہو گا وہ مارکس کے انقلاب سے کہیں بڑا ہو گا۔" (انسان اور آدمی، ص ۱۵۶، اشاعت ۱۹۵۳ء)

ظاہر ہے کہ یہ جملہ صرف "ترقی پسندوں" کو چھیڑنے کے لیے لکھا گیا تھا۔ میر کا شعر ہے،

وجہ بے گانگی نہیں معلوم
تم جہاں کے ہو واں کے ہم بھی ہیں

اس شعر میں جو نکتہ قابل غور ہے وہ علیحدگی، بے گانگی (Alienation) کو جنم دیتا ہے اور ہم صنعتی نظام میں داخل ہوئے تھے کہ اس کا شکار ہو گئے۔ اب ہماری بیگانگی دشمنی میں بدلتی جا رہی ہے۔ اردو کی سب سے جاندار روایت عشقیہ شاعری کی تھی۔ عشق ہی تصوف اور بھکتی تحریروں کی جان تھا۔ ہماری مشترکہ تہذیب کی بنیاد تھا (قرۃ العین حیدر کے نئے ناول "گردش رنگ چمن" میں اس دور کے چند مناظر اور کردار دیکھے جاسکتے ہیں) ہم نے انجانی اصلاحی اقدار کے فریب میں آکر اپنی 'جڑوں' سے خود کو کاٹ لیا ہے اور آج ہم زندگی کی سزا پا رہے ہیں اور ادب میں خون ناحق کو بہتے ہوئے دیکھ رہے ہیں اور حیران و ششدر ہیں۔ ہم خود اپنے جرائم کی سزا پا رہے ہیں، کم از کم بقول میر ہمارے سینے تو سوز عشق سے منور ہوتے،

اعجاز عشق سے ہم جیتے رہے وگرنہ

کیا حوصلہ کہ جس میں آزار یہ سمائے

آج ہمارے پاس عشق کا سوز دروں ہے نہ عمل کی لگن۔ ہم۔۔ سب۔۔۔ ایک معنی میں ایلیٹ کے "کھوکھلے آدمی" بن کر رہ گئے ہیں!

(۵)

میر تقی میر بنیادی طور سے رومانی کرب کے شاعر تھے مگر یہ کرب صرف جنسی تشنگی اور دیوانگی کی دین نہیں تھا، اس میں آئندہ مستقبل کے خواب کی پنہاں آرزوئیں بھی شامل ہو گئی تھیں۔ یہی نہیں اپنے ماحول کی ساری تہذیبی شکست وریخت بھی شامل تھی۔ اطالوی ناقد ماریو پراز (Mario Praz) نے یوروپی شاعری (اٹھارہویں صدی) کو اسی اصطلاح سے جانچنے کی کوشش کی تھی۔ اٹھارہویں صدی کا یورپ بھی ہنگاموں اور انقلابوں کا مرکز تھا۔ انقلاب فرانس نے یورپ کو پہلی بار انسانیت کو مساوات، اخوت اور آزادی کا پیغام دیا تھا۔ اس دور کے شاعر بھی اسی جانکاہ درد و غم سے سرشار تھے جس سے کہ رومانی کرب کی پہچان ہوتی ہے۔

روسو کے اعترافات (دو جلدیں) کے مطالعے سے پتہ چلتا ہے کہ فطرت سے انسانی دوری کتنی مہلک ہو گی۔ ماریو پراز کا خیال تھا کہ مسرت کی جستجو ہی درد و غم کی راہ سے گزرتی ہے اور درد ہی مسرت کی جستجو کی منزل ہے۔ اس طرح خوشی اور غم کی جذباتی کشمکش حزنیہ لب و لہجے کو جنم دیتی ہے جو رومانی کرب کی نشاندہی کرتا تھا۔ میر کی شاعری میں جو گھلاوٹ، نرمی اور سپردگی ہے وہ اسی غم کی قبولیت کی وجہ سے کہ درد ہی مسرت کی جان ہے اور مسلسل کرب ہی جہد حیات ہے۔

انگریزی رومانی شعرا سے میر کا تقابل پروفیسر احمد علی نے بھی کیا تھا۔ احمد علی نے اپنی کتاب سنہری روایت (The Golden Tradition) میں میر کی عظمت کا اعتراف کیا ہے، یہ کتاب آج بھی مطالعے کے قابل ہے، گو کہ اس کو شائع ہوئے پندررہ برس گزر چکے ہیں (مطبوعہ کولمبیا یونیورسٹی امریکہ ۱۹۷۳ء) میر تقی میر کی شاعری کو ان کی کشادہ شخصیت، بے پناہ تخلیقی قوت اور فکر خیز تخیل (Imagination) کی رہین منت ٹھہرایا ہے۔ یہی نہیں ان کی (احمد علی) رائے میں میر کے پائے کا شاعر انگریزی رومانی شعرا میں کوئی نہیں تھا۔ فراق اردو میں یہی بات کہہ چکے ہیں۔ وہ میر کی شاعری میں 'دل' کے استعارے کو مرکزی حیثیت دیتے ہیں۔ مجنوں گورکھپوری یہ بات اپنے مضمون میں کہہ چکے ہیں (سردار جعفری ایک عرصے تک مجنوں سے اس لیے خفا رہے کہ مرحوم نے کئی شعر ایسے لکھے تھے جو میر کے نہیں ہیں۔ خیر) احمد علی کا خیال ہے کہ میر کے ذہن کی جستجو ہمیں ان اشعار سے کرنی چاہیے جو میر نے دل کو محور بنا کر کہے تھے، اس لیے کہ دل ہی عشق اور زندگی کا سرچشمہ ہے اور یہ اشعار بھی پیش کیے ہیں،

جا کے پوچھا جو میں یہ کارگہہ مینا میں
دل کی صورت کا بھی اے شیشہ گراں ہے شیشہ
کہنے لاگے کہ کدھر پھرتا ہے بہکا اے مست
ہر طرح کا جو تو دیکھے ہے کہ یاں ہے شیشہ
دل ہی سارے تھے یہ اک وقت میں جو کر کے گداز
شکل شیشے کی بنائے ہیں کہاں سے شیشہ

یہی نہیں، احمد علی کا خیال ہے کہ ایک معنی میں میر ایک وجودی شاعر تھے اور سارتر کا بیان نقل کرتے ہیں :Existence Precedes Essence یعنی وجود روح سے پہلے ہے۔ میر کا خیال ہے، "مقدور سے زیادہ مقدور ہے ہمارا" کی مثال بھی دیتے ہیں۔ میر پر انگریزی میں جو چند مضامین اور کتابیں میری نظر سے گزری ہیں ان میں یہ کتاب زیادہ "شہرت" کی مستحق تھی، اس لیے کہ اس کتاب میں میر کے اچھے خاصے ترجمے بھی شامل ہیں۔

اور ایک سوال میرے ذہن میں آتا ہے کہ میر کی عشقیہ شاعری کے ساتھ کیا رویہ اختیار کرنا چاہیے۔ کیا اب یہ عہد پارینہ کی ایک شعری داستان ہے اور بس۔۔؟ سرمایہ دارانہ سماج میں ہر شے فروخت ہو سکتی ہے۔ اب عشق یا تو محض جنسی شے (بدن کی تہذیب کہاں؟) یا تفریح کا سامان۔ ایک ایسے دور میں جب ہم میر کی شاعری کا مطالعہ کرتے ہیں تو حیرت اور معصومیت سے نئی لذت کے ساتھ دوچار ہوتے ہیں یا یہ جانتے ہوئے بھی کہ اب وہ "رومانی کرب" اپنی جاذبیت بڑی حد تک کھو چکا ہے مگر کسی حد تک معصومیت حسن کی اور عشق کی کشمکش کو بڑی حد تک برقرار رکھے ہوئے ہے۔

عشق میں ہم ہوئے نہ دیوانے
قیس کی آبرو کا پاس رہا

عشق کا گھر ہے میر سے آباد
ایسے پھر خانماں خراب کہاں

رات مجلس میں تری ہم بھی کھڑے تھے چپکے

جیسے تصویر لگادے کوئی دیوار کے ساتھ

دور بیٹھا غبار میر ان سے

عشق بن یہ ادب نہیں آتا

یہ خود کلامی کا "جادو" بھی رکھتی ہے۔ پروفیسر مسعود حسین ادیب نے میر کی شاعری کو "عشق کی زبان" سے تعبیر کیا تھا۔ مجھے اکثر یہ احساس ہوا ہے کہ میر کے آنسو "پارس پتھر" تھے، جس لفظ کو چھو لیتے تھے کندن بن جاتا تھا۔ اس طرح جسمانی حسن کا بیان بھی ساری لطافتیں لئے ہوئے ہے،

ساتھ اس حسن کے دیتا تھا دکھائی وہ بدن

جیسے جھمکے ہے پڑا گوہر تر پانی میں

حسن کی بالیدگی کا یہ عالم شاید ہی کسی اردو شاعر نے کبھی سوچا اور بیان کیا ہوگا۔ میر کی عشقیہ شاعری ایک جمالیات کی نئی دستاویز تھی جس میں انبساط کے کم رنگ تھے مگر زرد رنگ سب سے نمایاں تھا جیسے ڈچ مصور وان گاف کی مصوری! آج میر کی عشقیہ شاعری ایک ایسی "فردوس گمشدہ" کی یاد دلاتی ہے جس میں دوزخ کو سیر کرنے کے لیے ملا دیا گیا ہو۔

پس نوشت

یہ مضمون دس برس ڈاکٹر اسلم پرویز کے پاس محفوظ رہا۔ آخر کار شمیم حنفی صاحب نے تلاش کر کے ستمبر ۱۹۹۷ء جامعہ میں شائع کیا۔

***

یگانہ آرٹ

خود پرستی کیجئے یا حق پرستی کیجئے
یاس کس دن کے لیے ناحق پرستی کیجئے

مرزا یاس یگانہ چنگیزی کا یہ شعر ہمیں ان کی شاعری اور شخصیت دونوں کو سمجھنے میں بڑی مدد دیتا ہے کیونکہ یہی ان کا مطمح نظر تھا۔ یگانہ کے بارے میں نقادوں اور شاعروں کا رویہ زیادہ تر یک طرفہ تھا۔ مجھے اردو غزل کے مسئلے پر گفتگو کرتے ہوئے ہمیشہ یہ احساس ہوا ہے کہ ان کے ساتھ ناانصافی کی گئی ہے۔ ڈاکٹر یوسف حسین خاں نے اپنی کتاب میں حسرت، فانی، اصغر اور جگر کا بار بار تذکرہ کیا ہے مگر یگانہ کے بارے میں ایک جملہ بھی کہیں نظر نہیں آتا۔ البتہ انہوں نے اتنا احسان ضرور کیا ہے کہ یگانہ کی چند غزلوں کو انتخاب میں شامل کر لیا ہے۔ اسی طرح ترقی پسند نقادوں نے (سوائے مجنوں گورکھپوری کے) بھی ان کو نظر انداز کیا ہے۔ بات یہ ہے کہ اس رویے کے بنانے میں خود یگانہ کا بھی حصہ ہے۔ انہوں نے تعلی کو خود پرستی کے فلسفے کا رنگ دیا اور اتنے زور و شور کے ساتھ پیش کیا کہ معتدل مزاج ادیبوں کو بھی ان سے شکایتیں پیدا ہو گئی تھیں۔ اس کے علاوہ "غالب شکن" لکھ کر انہوں نے اپنے خلاف خاصا مواد "دشمنوں" کو دے دیا۔ ان تمام باتوں کے

باوجود یگانہ کے آرٹ میں آب وتاب بھی ان کے انتہا پسند نظریے سے آئی ہے۔ وہ اس دور میں پیدا ہوئے تھے جبکہ لکھنوی شاعری فرسودہ روایات کی ردا میں لپٹی ہوئی تھی اور شعرا اپنی انفرادیت کو نمایاں کرنے کے لیے دوسرے بڑے شاعروں کے رنگ میں غزلیں کہنا فخر سمجھتے تھے۔ عزیز لکھنوی کی مثال ہمارے سامنے ہے۔ حیرت کی بات تو یہ ہے کہ لکھنؤ اسکول کے اس دور کے شاعروں نے آتش سے اپنے رشتے توڑ لیے تھے اور میر و غالب کے رنگ میں طبع آزمائی کر رہے تھے۔

دوسرے الفاظ میں یہ بھی کہا جا سکتا ہے کہ لکھنؤ کے یہ شاعر خود اپنے شہر کی قدیم روایات کو اس قابل نہ سمجھتے تھے کہ ان سے فیض حاصل کیا جا سکے۔ ایسے دور میں اگر کوئی شاعر کسی دور دیس سے آکر لکھنؤ کی بود و باش اختیار کر کے وہاں اپنی انفرادیت کا علم اٹھانا چاہے تو اسے باغی سے کم نہیں سمجھا جا سکتا۔ وہاں کی اکثریت کا اس کو اپنے خلاف ایک محاذ سمجھنا بھی عجیب معلوم ہوتا ہے۔ یگانہ کو لکھنؤ والوں سے جو بے شمار شکایتیں تھیں، ان میں تھوڑی بہت صداقت ضرور تھی۔

یہاں اس "خطرناک" مسئلے کو چھیڑنا مقصود نہیں ہے بلکہ اشارۃً یہ بتلانا چاہتا ہوں کہ یگانہ کی شخصیت میں جو چڑچڑا پن پیدا ہوا وہ فطری تھا اور ان کے انتہا پسند رویے کی ابتدا بھی ایک ردعمل کی صورت میں ہوئی تھی۔ وہ شروع میں کھری کھری سنانا ہی ایک بڑا کام سمجھتے تھے اور اس حق گوئی نے آگے چل کر ان کے کلام پر وہ جلا کی ہے کہ قائل ہونا ہی پڑتا ہے۔ ان کو جن معرکوں کا سامنا کرنا پڑا تھا وہ انشا اور مصحفی کے دور کی یاد دلاتے ہیں۔ ان کی زندگی ان مظالم کے خلاف جدوجہد کرتے گزری تھی اور ان کے آرٹ میں جو زندگی کا ولولہ اور جوش ہے وہ

بھی ایک زبردست احتجاج کی حیثیت رکھتا ہے۔

مجنوں گورکھپوری نے اپنے مضمون "میر اور ہم" میں ایک اہم بات لکھی ہے۔ ان کے چند جملے نقل کرتا ہوں، "ہر دور میں بڑا شاعر وہی ہوتا ہے جو اپنے زمانے کی کشاکشوں کا خودداری اور وقار کے ساتھ رچے ہوئے اشاروں میں اظہار کر لیتا ہے لیکن شعر کو پروپیگنڈہ نہ ہونے دے۔ اسی کے ساتھ ساتھ شاعر کی عظمت کی ایک اور پہچان یہ ہے کہ وہ آئندہ نسلوں کے اندر بغیر واعظانہ یا مبلغانہ دھن اختیار کیے ہوئے یہ احساس پیدا کر سکے کہ ان کو بھی اپنے زمانے کی مشکلوں اور پیچیدگیوں کا خود اعتمادی کے ساتھ مقابلہ کرنا ہے۔" (فن کار نمبر ۳۴، ص ۱۹)

اس بات کو پوری طرح سمجھ لینا چاہئے جبھی ہم یگانہ کی شخصیت میں شدید قسم کی کج روی کو سمجھ سکتے ہیں۔ ان کی خودداری نے انہیں انتہا پسندی کے دوسرے سرے پر پہنچا دیا تھا مگر اس سے ان کے آرٹ کو نقصان نہیں پہنچا۔ شاید کچھ لوگوں کو یہ بات عجیب سی معلوم ہو۔ حقیقت یہ ہے کہ یگانہ کے کلام میں جو تلوار کی کاٹ، دھارے کی تیزی اور زندگی کی لگن ہے وہ اسی کی ودیعت کی ہوئی تھی۔ وہ بظاہر غالب کے شدید مخالف تھے مگر وہ ان کے معترف بھی تھے۔ یہ ایک نفسیاتی نکتہ ہے۔ "آیات وجدانی" پڑھتے ہوئے کم از کم مجھے بار بار اس کا احساس ہوا تھا کہ وہ غالب کی عظمت کے قائل ہیں۔ یہ الگ بات ہے کہ ان کی پیروی کرنا کسر کشان سمجھتے ہیں اور یہ منطقی طور سے غلط بھی نہیں ہے۔

یگانہ آرٹ کو سمجھنے میں "آیات وجدانی" کا مطالعہ بڑی مدد کرتا ہے۔ یہ اپنی قسم کا واحد مجموعہ ہے جس میں اشعار کی شرح بھی شامل ہے۔ یہ کتاب ۱۹۲۷ء میں

شائع ہوئی تھی۔ یہ دور اردو ادب میں ایک ہنگامے کا دور تھا۔ اقبال کی شاعری عروج پر تھی۔ جوش نے اپنا ایک حلقہ بنانا شروع کر دیا تھا اور لکھنؤ اسکول کے شعرا ابھی تک بڑے شاعروں کی پیروی میں محو تھے۔ حسرت موہانی نے غزل کا احیا کیا تھا لیکن اس کو وہ معیار نہیں دے سکے تھے جو ان سے پہلے کلاسیکی شاعروں نے قائم کیا تھا۔ مجھے اس کا اقرار ہے کہ حسرت نے غزل کو دوبارہ مقبول بناتے ہوئے بڑا اہم رول ادا کیا ہے لیکن میں یہ ماننے کے لیے تیار نہیں ہوں کہ وہ غزل کو پر وقار اور بہت بلند مقام پر لے گئے تھے۔ ان کا شعری لب ولہجہ دل نشین ہونے کے باوجود بڑی شاعری کا لب ولہجہ نہیں ہے اور کم وبیش یہی حال اس دور کے دوسرے غزل گو شعرا کا تھا۔

اس مضمون میں تمام شعرا کے تقابلی مطالعے کی گنجائش نہیں ہے، اس لیے اتنا کہنا ضروری ہے کہ جب اردو غزل دوبارہ ترقی کی منزلیں طے کرنے کے لیے قدم بڑھا رہی تھی، اس وقت جو لوگ اس کے ساتھ ساتھ تھے ان میں یگانہ پیش پیش تھے۔ اس بات کا اعتراف نہ تو ڈاکٹر یوسف حسین نے "اردو غزل" میں کیا ہے اور نہ ہی پروفیسر رشید احمد صدیقی نے اپنے مقالے "جدید غزل" میں۔ یگانہ کو شعوری اور غیر شعوری دونوں طریقوں سے نظر انداز کرنے کی مہم بڑی حد تک کامیاب رہی ہے۔ یہی وجہ ہے کہ اچھے پڑھے لکھے متوازن مزاج لوگ بھی ان کے کلام سے واقف نہیں ہیں۔ اس زیادتی کے خلاف کسی نہ کسی نقاد کو ایک دن قلم اٹھانا ہی پڑے گا۔

مرزا یاس کا اصلی نام مرزا واجد حسین اور تاریخی نام مرزا افضل علی بیگ تھا۔

ان کا پہلا تخلص یاس تھا لیکن لکھنؤ آکر انہوں نے یگانہ بھی رکھ لیا۔ وہ ۱۳۰۱ھ میں عظیم آباد میں پیدا ہوئے تھے۔ ان کی ابتدائی تعلیم مولانا بیتاب اور مولانا شاد کے ہاتھوں انجام پائی تھی۔ وہ ۱۹۱۴ء سے لکھنوی ہو گئے تھے اور خود کو لکھنؤ کے فدائیوں میں سمجھتے تھے۔ یہاں ایک اور ناانصافی کا ذکر کروں۔ ڈاکٹر ابواللیث نے اپنی کتاب "لکھنؤ کا دبستان شاعری" میں معمولی معمولی شاعروں کے ساتھ یگانہ کا بھی ذکر کر دیا ہے۔ یہ یقیناً زبردست زیادتی تھی مگر یگانہ ان مظالم کے عادی ہو چکے تھے، جبھی تو یہ کہا کرتے تھے،

دل طوفاں شکن تنہا جو آگے تھا سو اب بھی ہے
بہت طوفان ٹھنڈے پڑ گئے ٹکرا کے ساحل سے

اس شعر کو یگانہ کی زندگی کے پس منظر میں دیکھئے تو اس میں ایک لمبی داستان پوشیدہ معلوم ہوگی اور اس کا بھی اندازہ ہو گا کہ یہ ایک بڑے جری شخص کے کارناموں کا خوبصورت شاعرانہ اعتراف ہے۔ ان کے کلام میں ایسے اشعار کی کافی تعداد ہے۔ وہ ان غزل گو شعراء میں نہیں تھے جن کے چند مصرعے یا دو ایک شعر ہی تاریخ ادب میں رہ جاتے ہیں۔ عزیز اور صفی اسی قبیل کے شاعر تھے مگر اپنے دور میں ان کو یگانہ سے زیادہ مقبولیت حاصل تھی۔ اسی لیے کہا گیا ہے کہ مقبول عام کو شاعرانہ عظمت کے لیے سند بنا کر نہ پیش کرنا چاہئے۔ ورنہ وقت کا ایسا بڑا نقاد مشاعروں کے ہنگاموں، محفلوں کی شمعوں اور پروپیگنڈے کو حرف غلط کی طرح مٹا کر صرف کلام کو پرکھتا ہے اور یگانہ اس معاملے میں یقیناً خوش نصیب ہیں کہ آنے والا زمانہ انہیں زیادہ عزت دے گا۔

یگانہ کا فلسفہ حیات ایک جامع صورت میں نہیں ملتا کیوں کہ ایک غزل گو شاعر سے اس کی توقع کرنا ہی بے سود ہے۔ پھر بھی زندگی کو فلسفیانہ رنگ میں پیش کرنے کا ایک انداز ضرور ملتا ہے، جس سے پتہ چلتا ہے کہ وہ ایک روشن فکر کے مالک تھے اور ان کا ذہن رسا دور دراز کے فکری مضامین کی بھی خبر رکھتا تھا۔ ان کے یہاں تصوف ایک عقیدے کی صورت میں نہیں ملتا جیسے کہ اصغر کی شاعری میں ہے بلکہ کلاسیکی شعرا کا یہ دستور تھا کہ ایک غزل میں مختلف موضوعات کو زیر بحث لاتے تھے اور خیال آرائی کے پیش نظر تصوف کے مضامین بھی نظم کرتے تھے۔ اس کے علاوہ اپنے انفرادی رنگ کو ابھارنے کے لیے دوسرے شاعروں کی زمینوں میں غزلیں کہتے تھے۔ اس طرح ایک ہی بحر میں دو تین شاعروں کی غزلیں دیکھئے تو اندازہ ہو جائے گا کہ یہ کس شاعر کا کلام ہے۔

مصرع طرح پر کہنے کا رواج عام تھا اور یگانہ کے یہاں بھی بہت سی غزلیں ایسی ملیں گی جو مشاعروں کے لیے لکھی گئی ہیں مگر وہ "روش عام" سے ہٹ کر چلتے تھے اور اپنی انفرادیت کا ہر لمحہ خیال رکھتے تھے۔ اس میں ان کی شخصیت کے مجروح ہونے کا امکان تھا۔ یگانہ کا فلسفہ حیات اردو کے کلاسیکی شعرا سے زیادہ مختلف نہ تھا۔ ان کے یہاں بھی جبر و قدر، وحدت الوجود، دنیائے فانی اور اس کے ساتھ ہی ساتھ انسانی جدوجہد پر ایمان، خودشناسی، زندگی کی لگن اور کچھ کر گزرنے کی تمنا بھی ملتی ہے۔ انہوں نے آتش کی آبائی شاعری کو دوبارہ زندہ کیا تھا۔ وہ کلاسیکی شعرا سے ایک معنی میں مختلف بھی تھے۔ ان کے یہاں جو سوز و گداز ہے وہ عشق کی دین نہیں ہے بلکہ زندگی کے تلخ تر تجربات کا نتیجہ ہے جن سے انہیں سابقہ پڑا تھا۔

اس کے یہ معنی نہیں کہ ان کے یہاں عشقیہ اشعار نہیں ہیں لیکن ان کے کلام میں نمایاں حیثیت ان شعروں کی ہے جس میں زندگی کے کسی نہ کسی تجربے کو فکری انداز میں پیش کیا گیا ہے۔ میرا تو خیال ہے کہ اگر ان کی شخصیت کی کج روی انہیں اپنے میں محدود کرنے کے بجائے کسی ادبی تحریک سے وابستہ کر دیتی تو وہ بہت ہی بڑے شاعر مان لیے جاتے۔ یوں بھی وہ بیسویں صدی کے غزل گو شاعروں میں سب سے زیادہ اہمیت کے مستحق ہیں۔ اس سے انکار کرنا زیادتی ہو گی۔ "آیات وجدانی" میں پہلی اردو غزل میں یہ اشعار ملتے ہیں۔ ملاحظہ ہوں،

ہنوز زندگی تلخ کا مزا نہ ملا
کمال صبر ملا، صبر آزمانہ ملا
امیدوار رہائی قفس بدوش چلے
جہاں اشارہ توفیق غائبانہ ملا
امید و بیم نے مارا مجھے دوراہے پر
کہاں کے دیر و حرم گھر کا راستہ نہ ملا
بجز ارادہ پرستی خدا کو کیا جانے
وہ بدنصیب جسے بخت نارسانہ ملا

اور "آیات وجدانی" کی پہلی غزل جو فارسی میں ہے اس کے یہ بھی شعر ملاحظہ ہوں،

منکہ بر نمے تابم درد زیستن تنہا
صبح دم چساں بینم شمع انجمن تنہا

صد رفیق و صد ہمدم پر شکستہ و دل تنگ
داور انمی زیبد بال و پر بمن تنہا

ان اشعار کے پڑھنے کے بعد فوراً جو رد عمل ہوتا ہے وہ لطیف شاعرانہ کیفیت کے علاوہ قوت عمل کے جذبے کو جگاتا ہے اور ذہن کو بیدار کرتا ہے۔ ان اشعار کا لب ولہجہ بھی اس دور کے دوسرے شاعروں سے بہت مختلف ہے۔ ان میں بقول مجنوں گورکھپوری ایک مردانہ پن پایا جاتا ہے۔ یگانہ کا آرٹ میناکاری کا آرٹ نہیں ہے۔ ان کے یہاں نازک جذبات بھی زور بیان کے تیکھے پن کے ساتھ آتے ہیں اور ان کا یہی کارنامہ ہے کہ انہوں نے آتش اور غالب کی زمین میں بلند پایہ غزلیں کہی ہیں جو نہ تو ان شعرا کی آواز بازگشت ہیں اور نہ صدا بہ صحرا بلکہ ان میں آواز کی تیزی اور سوز و گداز کی آنچ کے ساتھ زندگی کا ولولہ بھی پایا جاتا ہے جسے ہم یگانہ آرٹ کہہ سکتے ہیں،

سمجھتے کیا تھے مگر سنتے تھے ترانہ درد
سمجھ میں آنے لگا جب تو پھر سنا نہ گیا
کروں تو کس سے کروں درد نارسا کا گلہ
کہ مجھ کو لے کے دل دوست میں سما نہ گیا

ان کے مجموعہ کلام "گنجینہ" کی پہلی غزل کے یہ دو شعر ہی میرے خیال کی پوری تائید کرتے ہیں۔ ان میں درد کی عظمت اور انسانی ہمدردی کا جذبہ اس خوبصورتی کے ساتھ نظم ہوا ہے کہ ہم بڑی آسانی کے ساتھ پوری کیفیت سے نہ صرف آگاہ ہو جاتے ہیں بلکہ روح کی بالیدگی کا احساس ہوتا ہے اور یگانہ کی یہ بھی

ایک خوبی تھی کہ رائج الوقت خیالات کے شدید مخالف ہوتے ہوئے بھی ان انسانی تجربات اور محسوسات کی کامیاب ترجمانی کرتے ہیں جن سے ہم سب دوچار ہوتے رہتے ہیں۔

ان کی زندگی ایک شدید تنہائی اور اذیت کے ساتھ گزری تھی لیکن ہمیں کہیں بھی وہ قنوطیت نہیں ملتی جو فانی کا جزو ایمان تھی۔ وہ فراریت نہیں ملتی جو انسانوں کو آسمانوں میں پناہ لینے پر مجبور کرتی ہے۔ اصغر کی شاعری کی بنیاد اسی پر تھی۔ یگانہ کے یہاں ایک ایسا بانکپن ہے جو نامرادی اور غم کو بھی آسان بنادیتا ہے۔ انہوں نے اس بات کو یوں کہا ہے،

مزے کے ساتھ ہوں اندوہ غم تو کیا کہنا
یقیں نہ ہو تو کرے کوئی امتحاں اپنا

اور یقیناً یگانہ اس امتحان میں کامیاب رہے ہیں۔ ان کے کلام میں نشتریت ضرور ہے لیکن وہ زہر میں بجھی ہوئی نہیں ہے۔ ان کی خلش آدمی کو بے چین کر سکتی ہے مار نہیں ڈالتی۔ یہ اشعار ملاحظہ ہوں،

مصیبت کا پہاڑ آخر کسی دن کٹ ہی جائے گا
مجھے سر مار کر تیشے سے مر جانا نہیں آتا

کدھر چلا ہے ادھر ایک رات بستا جا
گرجنے والے گرجتا ہے کیا برستا جا

صبر کرنا سخت مشکل ہے تڑپنا سہل ہے
اپنے بس کا کام کرلیتا ہوں آساں دیکھ کر

خداؤں کی خدائی ہو چکی بس

خدارا بس دہائی ہو گئی بس

افسردہ خاطروں کی خزاں کیا بہار کیا

کنج قفس میں مر رہے یا آشیانے میں

جو غم بھی کھائیں تو پہلے کھلائیں دشمن کو

اکیلے کھائیں گے ایسے تو ہم گنوار نہیں

چپکے چپکے ریشہ دوانی یہ بھی کوئی پیٹتی ہے

للکار نہیں تو کچھ بھی نہیں جھنکار نہیں تو کچھ بھی نہیں

دل سے خدا کا نام لیے جا، کام کیے جا دنیا کا

کافر ہو، دیں دار ہو، دنیا دار نہیں تو کچھ بھی نہیں

مزہ جب ہے کہ رفتہ رفتہ امیدیں پھلیں پھولیں

مگر نازل کوئی فضل الٰہی ناگہاں کیوں

حسن پر فرعون کی پھبتی کہی

ہاتھ لانا یار کیوں کیسی کہی

طاعت ہو یا گناہ، پس پردہ خوب ہیں

دونوں کا جب مزہ ہے کہ تنہا کرے کوئی

کیسے کیسے خدا بنا ڈالے

دم بخود ہے تو پھر خدا کیا ہے

آگ میں ہو جسے جلنا تو وہ ہندو بن جائے

خاک میں ہو جسے ملنا وہ مسلماں ہو جائے
جیسے دوزخ کی ہوا کھا کے ابھی آیا ہے
کس قدر واعظ مکار ڈراتا ہے مجھے

ان اشعار میں ظرافت کی چاشنی ہے۔ ہلکی ہلکی سی گد گدی ہے۔ طنز کی نشتریت ہے اور سب سے بڑھ کر یہ بات ہے کہ بہت سی کام کی باتیں کہی گئی ہیں جو زندگی میں بڑی اہمیت رکھتی ہیں۔ ہم ان اشعار کو پڑھ کر ذہنی لطف حاصل کرتے ہیں اور ہمیں طنز کی تلخی کا بھی احساس رہتا ہے۔ اس کے معنی ہیں کہ شاعر اپنے مقصد میں کامیاب ہے۔ یگانہ کے یہاں مزاح کہیں کہیں پھکڑپن کی صورت اختیار کر لیتا ہے، خاص کر ان کی وہ رباعیات جو غالب کے بارے میں ہیں۔ مگر عموماً ان کے مزاح میں صرف الفاظ کی الٹ پھیر نہیں رہتی بلکہ ایک مقصد اور خیال کے تحت وہ تبسم ہونٹوں پر آ جاتا ہے جو زندگی کی صحت پر دلالت کرتا ہے۔ مندرجہ بالا اشعار میں ایک اور بات صاف نمایاں ہے وہ ہے خلوص نیت۔ وہ اپنے طنز کی دھار کو اپنے ذاتی مفاد کے لیے نہیں استعمال کرتے اور نہ کسی کی پگڑی اچھالنے کا کام لیتے ہیں، جس کی وجہ سے ایک خاص قسم کی شگفتگی پیدا ہو گئی ہے جو مزاح کے لطف کو دو بالا کر دیتی ہے۔

یگانہ کے کلام میں خاصا تنوع ہے۔ اس کے باوجود روایتی انداز کے اشعار بھی ملتے ہیں۔ پھر بھی ہر جگہ انہوں نے عام روش سے ہٹ کر الگ اپنی راہ بنانے میں کامیاب کوشش کی ہے اور یہی وجہ ہے کہ یگانہ اپنے دور میں مقبول نہ ہو سکے۔ وہ بازار کا بھاؤ دیکھ کر شعر نہیں کہتے تھے بلکہ ان پر جو گزرتی تھی اس کو "آتش سیال"

بنا کر پیش کرتے تھے۔ ان کے یہاں فکری عناصر کے ساتھ جذبات کی گہرائی بھی ملتی ہے۔ وہ عقل و دل کی کشمکش ہو یا حسن و عشق کی کشش، دونوں قسم کے موضوعات کو اچھوتے انداز میں پیش کرتے ہیں۔ ان سے یہ شکایت تو کسی کو نہیں ہو سکتی کہ ادائے خیال میں الجھتے ہیں یا محاورات کے استعمال میں کمزور ہیں۔ البتہ کچھ لوگ اتنی تیزی و طراری پسند نہیں کرتے۔ ان کی شاعری شیشہ گری نہیں کرتی۔ وہ شکست و ریخت میں یقین رکھتے ہوئے بھی جد و جہد کا پیغام دیتے ہیں۔

اصل میں ان کے کلام میں خود پرستی نے ایک نئے قسم کا تیقن پیدا کر دیا ہے جو ترقی پسند اور دوسرے قسم کے غزل گو شعرا کے یہاں نہیں ہے۔ ان کی بڑھتی ہوئی انفرادیت نے اپنے لیے وہ سنگلاخ زمین چنی تھی جس کو میر و غالب اور آتش ایسے شاعر پہلے ہی ہموار کر کے شاداب کر چکے تھے اور ان پامال موضوعات کو دل کی جلن کے طفیل نئے انداز میں پیش کرنے کا کام بھی یگانہ نے انجام دیا۔ وہ لکھنؤ کے شعرا سے لڑائی کر کے ادبی دنیا میں وقتی طور سے کامیاب نہ ہو سکے لیکن انہوں نے اپنے کلام میں مردانگی، بانکپن، نشاط، مزاح اور فکری عناصر کے امتزاج سے وہ جوہر ضرور پیدا کر دیا جو ان کو فاتح بناتا رہا۔ ان کے یہاں الفاظ کی بندش، محاورات کی سادگی، تراکیب کی خوبصورتی، تشبیہات کی قدرت بھی بدرجہ اتم پائی جاتی ہے اور کوئی بھی انصاف پسند نقاد ان کی شاعرانہ اہمیت سے انکار نہیں کر سکتا ہے۔

ان کا شعری لب و لہجہ نہ صرف اس دور کے اردو غزل گو شعرا سے الگ ہے اور بہتر ہے بلکہ اردو کے کلاسیکی شعرا کے مقابلے میں پیش کیا جا سکتا ہے اور اسی میں یگانہ آرٹ کی عظمت مضمر ہے۔ وہ اپنے مرتبے سے واقف تھے یا نہ تھے لیکن وہ اتنا

ضرور جانتے تھے کہ ایک فنکار کے لیے خود اعتمادی ضروری ہے اور انہوں نے اپنی فطری صلاحیتوں پر اس سے صیقل کی ہے جبھی دھار میں وہ تیزی آسکی ہے جو ایک ہی وار میں ٹکڑے ٹکڑے کر سکتی ہے۔ ان کے مندرجہ ذیل اشعار کو پڑھئے اور پھر تیور کا اندازہ لگایئے،

خودی کا نشہ چڑھا آپ میں رہا نہ گیا
خدا بنے تھے یگانہ مگر بنا نہ گیا

اسی فریب نے مارا کہ کل ہے کتنی دور
اس آج کل میں عبث دن گنوائے ہیں کیا کیا

بلند ہو تو کھلے تجھ پہ راز پستی کا
بڑوں بڑوں کے قدم ڈگمگائے ہیں کیا کیا

بڑھتے بڑھتے اپنی حد سے بڑھ چلا دست ہوس
گھٹتے گھٹتے ایک دن دست دعا ہو جائے گا

مجھے اے ناخدا آخر کسی کو منہ دکھانا ہے
بہانہ کر کے تنہا پار اتر جانا نہیں آتا

سراپا راز ہوں میں کیا بتاؤں کون ہوں کیا ہوں
سمجھتا ہوں مگر دنیا کو سمجھانا نہیں آتا

چلے چلو جہاں لے جائے ولولہ دل کا
دلیل راہ محبت ہے فیصلہ دل کا

خود اپنی آگ میں جلتا تو کیمیا ہوتا

مزاج داں نہ تھا پروانہ شمع محفل کا

عجب کیا وعدہ فردا پس فردا پہ ٹل جائے

کوئی شام اور آ جائے نہ شام بے سحر ہو کر

اف رے تفرقات عشق آگ لگے دھواں نہ ہو

ڈوبے ہوئے ہیں سنگ دل لذت سوز وساز میں

یکساں کبھی کسی کی نہ گذری زمانے میں

یادش بخیر بیٹھے تھے کل آشیانے میں

موت مانگی تھی خدائی تو نہیں مانگی تھی

لے دعا کر چکے اب ترک دعا کرتے ہیں

دل نے بزور عشق لگایا ہے راہ پر

گم گشتگان غم کدہ روز گار کو

زمانہ لاکھ گم ہو جائے آپ اپنے اندھیرے میں

کوئی صاحب نظر اپنی طرف سے بدگماں کیوں ہو

یہ ناہموار ہی ہموار ہو جائے تو کیا کم ہے

زمیں سے جب نہیں فرصت تو فکر آسماں کیوں ہو

شمع کیا شمع کا اجالا کیا

دن چڑھے سامنا کرے کوئی

دیوانہ وار دوڑ کے کوئی لپٹ نہ جائے

آنکھوں میں آنکھیں ڈال کے دیکھا نہ کیجئے

شیطان کا شیطان، فرشتہ کا فرشتہ
انسان کی یہ بوالعجبی یاد رہے گی

تمہارے دم سے سلامت ہیں ولولے دل کے
سزا کے بعد مظاہر ابھارنے والے

نگاہ حسن سے اب تک وفا ٹپکتی ہے
ستم رسیدہ سہی، پیرہن دریدہ سہی

چتونوں سے ملتا ہے کچھ سراغ باطن کا
چال سے تو کافر پر سادگی برستی ہے

خضر منزل اپنا ہوں، اپنی راہ چلتا ہوں
میرے حال پر دنیا کیا سمجھ کے ہنستی ہے

میں نے اتنے زیادہ اشعار اس لیے پیش کیے ہیں کہ ان سے کچھ نہ کچھ ان کے کلام کی خوبیاں نمایاں ہو جاتی ہیں۔ اس مختصر مضمون میں ان کے اشعار کا تجزیہ اور تنقید کرنا مشکل ہے۔ پھر بھی مندرجہ بالا اشعار کے بارے میں چند باتیں کہہ دینا ضروری ہے۔ ان میں موضوع کے تنوع کے ساتھ لب و لہجہ کا اتار چڑھاؤ بھی موجود ہے۔ فکر کے پہلو بھی عیاں ہیں۔ خیال کی لطافت بھی ہے۔ عشق کا والہانہ پن بھی ملتا ہے اور سوز و گداز بھی ہے جو ناکامیوں کو قوت عمل میں تبدیل کر دیتا ہے۔ وہ تیقن بھی ہے جو زمانے کی راہ سے الگ اپنی راہ بنانے میں مدد دیتا ہے اور یہی صاحب نظری کی دلیل بھی ہے۔ چند شعر تو ایسے ہی کہ اردو غزل کے سخت سے سخت انتخاب میں شامل کیے جاسکتے ہیں اور کئی شعر ضرب المثل بن چکے ہیں۔ لوگوں کو یہ

خبر نہیں ہے کہ یہ شعر یگانہ کی دین ہے۔

غالب کی زمین میں دو تین شعر بھی اتنے اچھے کہنا محال تھا اور یگانہ کے شعر (کیوں ہو) کسی لحاظ سے بھی غالب کے اشعار سے کم نہیں ہیں۔ ان میں جذبات کی تہیں نہ سہی فکر کی بلندی اور لب ولہجہ کا وقار ضرور ہے۔ حسن کی اتنی اچھی تصویر بھی ہے۔ چتونوں سے باطن کا سراغ لگانا اردو شاعروں کے لیے نیا خیال نہ سہی پھر بھی اپنی قسم کا واحد شعر ضرور ہے اور دنیا میں آدمی ماضی کی باتیں کتنی جلدی بھول جاتا ہے اس کو اس خوبصورتی سے پیش کیا ہے کہ جوش ایسے بڑے شاعر نے بھی یہ مصرع استعمال کیا ہے۔ یہاں تمام اشعار کی تفسیر وتنقید کی گنجائش نہیں ہے۔ اس کا فیصلہ قاری پر چھوڑتا ہوں۔

یگانہ آرٹ کے سلسلے میں رباعیات کا ذکر بھی بہت ضروری ہے۔ یہ آبگینہ کا فن ہے اور اس میں مہارت چند ہی شاعروں کو حاصل ہے۔ ان میں بیسویں صدی کے شاعروں ہی میں نہیں بلکہ انیس کے بعد یگانہ ہی کا نام آتا ہے۔ پھر جوش اور فراق کا۔ اس فن میں یگانہ کا آرٹ اپنے عروج پر ہے اور اس بات کے تو وہ بھی قائل ہیں جو یگانہ کو بڑا غزل گو شاعر نہیں مانتے ہیں۔ حقیقت بھی یہی ہے کہ اچھے شاعر کے کمال کے جوہر اس میں کھلتے ہیں۔ چار مصرعوں میں ادائے خیال کے ساتھ ساتھ لب ولہجہ کا اتار چڑھاؤ اور سب سے بڑھ کر تیسرے اور چوتھے مصرع کی کاریگری ہی حسن رباعی کو دوبالا کرتی ہے۔

یہ ایک خطرناک صنف بھی ہے کیونکہ اوسط درجے کے غزل گو کا سارا بھرم کھل جاتا ہے۔ دوسرے صرف تشبیہ واستعارہ سے کام نہیں چلتا ہے۔ خیال کی

ندرت، تراکیب اور الفاظ کی بندش کا خاص خیال رکھنا پڑتا ہے۔ یہ صنف نظم اور غزل کے درمیان ایک پل کی حیثیت رکھتی ہے۔ یگانہ نے اس کو اپنے انتہا پسندانہ نظریے کے اظہار کا ذریعہ بنایا تھا۔ "ترانہ" کے نام سے منتخب رباعیات کا مجموعہ بھی ۱۹۳۳ء میں شائع ہوا تھا۔ اب ان کو "گنجینہ" میں شامل کر لیا گیا ہے۔ پہلی رباعی ہے،

ساجن کو سکھی منا لو پھر سو لینا
سوتی قسمت جگا لو پھر سو لینا
سوتا سنسار، سننے والا بیدار
اپنی بیتی سنا لو پھر سو لینا

اس رباعی میں کوئی بڑا خیال نہیں ہے لیکن حسن ادا اور سادگی نے اس کو دل نشین بنا دیا ہے۔ "سننے والا بیدار" استعمال کر کے سکھی کے دکھ کی پوری کہانی کو چھیڑ دیا ہے اور ایسا معلوم ہوتا ہے کہ جانے کتنی افسردہ دلی سے سوئی ہو گی۔ شاید انتظار کرتے کرتے تھک گئی ہو۔ اسی طرح ایک اور رباعی ملاحظہ ہو جو فلسفہ حیات کے بارے میں ہے،

چارہ نہیں کوئی جلتے رہنے کے سوا
سانچے میں فنا کے ڈھلتے رہنے کے سوا
اے شمع! تری حیات فانی کیا ہے
جھونکا کھانے، سنبھلتے رہنے کے سوا

شاعر نے "سنبھلتے رہنے" کہہ کر زندگی کی جدوجہد کی طرف اشارہ کیا ہے اور

میرا خیال ہے کہ یہ رباعی انیس کے اس خوبصورت شعر سے زیادہ اچھی ہے۔

انیس دم کا بھروسہ نہیں ٹھہر جاؤ
چراغ لے کے کہاں سامنے ہوا کے چلے

یگانہ نے غم سے زندہ دلی کا کام لیا تھا اور طوفان ٹکرا کر آگے بڑھتے رہتے تھے۔ امید کن دشوار گزار منزلوں سے گذرتی ہے، اس کا اندازہ وہی کر سکتا ہے جو اپنے پر پورا اعتماد رکھتا ہو اور امید پر نہ جیتا ہو۔ یگانہ نے اپنی رباعیات میں کہیں تو جذبات کے نازک نازک پھولوں کو پیش کیا ہے، کہیں مردانہ وار حالات سے جنگ مول لی ہے، کہیں زندگی کے تسلسل کو بیان کیا ہے اور کہیں موت کی آرزو کی ہے۔ کہیں غور فکر کے لیے وہ نظر پیدا کی ہے جو اوجھل راہوں کا پتہ لگاتی ہے اور پتھروں کا جگر چاک کر ڈالتی ہے۔ مندرجہ ذیل رباعیات ملاحظہ ہوں،

موجوں سے لپٹ کے پار اترنے والے
طوفان بلا سے نہیں ڈرنے والے
کچھ بس نہ چلا تو جان پر کھیل گئے
کیا چال چلے ہیں ڈوب مرنے والے

امکان طلب سے کوئی آگاہ تو ہو
منزل کا تہہ دل سے ہوا خواہ تو ہو
چل پھر کے ذرا دیکھ جھجکتا کیا ہے
مل جائے گی راہ راست گمراہ تو ہو

ہر رنگ کو کہتا ہے فریب نظری

ہر بو کو ہوائے منزل بے خبری
ہر حسن کو فلسفی کی آنکھوں سے نہ دیکھ
دشمن کو مبارک ہو یہ بالغ نظری
ہاں فکر رسا دیکھ بڑا بول نہ بول
گنجینہ راز اندھی نگری میں نہ کھول
جس کی جتنی ضرورت اتنی قیمت
ہیرا کبھی کنکر ہے کبھی ہے انمول
دنیا میں رہ کے راست بازی کب تک
مشکل ہے کچھ آساں نہیں سیدھا مسلک
سچ بول کے کیا حسینؑ بننا ہے تجھے
اتنا سچ بول، دال میں جیسے نمک
دنیا سے الگ جا کے کہیں سر پھوڑو
یا جیتے ہی جی مردوں سے ناتا جوڑو
کیوں ٹھوکریں کھانے کو پڑے ہو بیکار
بڑھنا ہے بڑھو، نہیں تو رستہ چھوڑو
وہ حسن ہی کیا ہے جو گلے کٹوائے
فتنے برپا کرے، قیامت ڈھائے
دیکھا ہو گا مگر نہ دیکھا ہو گا
وہ حسن جسے دیکھ کر چپ لگ جائے

کعبہ کی طرف دور سے سجدہ کرلوں
یا دیر کا آخری نظارہ کرلوں
کچھ دیر کی مہمان ہے جاتی دنیا
اک اور گنہ کرلوں کہ توبہ کرلوں

یگانہ کی ان رباعیات میں تمام فنی خوبیاں ملتی ہیں۔ ان میں جامعیت ہے اور خیال کی پوری ادائی بھی۔ زبان و بیان پر انہیں پوری قدرت حاصل تھی، اس کا اظہار بھی ملتا ہے۔ آخری زمانے میں انہوں نے زیادہ تر رباعیات ہی لکھی تھیں۔

وہ اردو کے ان غزل گو شعرا کی صف میں یقیناً شامل ہیں جن کے نام سے غزل کی شمع آج تک روشن ہے اور ان کے اس مرتبے کو ادب کے طالب علم کو پہچاننا چاہئے۔ انہوں نے لکھنؤ کے آخری دور کی شاعرانہ روایات سے بغاوت کرکے اسکول تو نہیں قائم کیا مگر فراق ایسے غزل گو کو ضرور متاثر کیا اور جو رچاؤ اور وقار ان کے کلام میں ملتا ہے وہ اصغر اور جگر کے یہاں خال خال نظر آتا ہے۔ یگانہ کے خلاف جتنے ہنگامے اٹھائے گئے تھے، اس کا کسی موجودہ شاعر کو سامنا نہ کرنا پڑا اور ان صبر شکن حالات میں وہ پوری خودداری کے ساتھ اپنے آرٹ کی پرورش کرتے رہے۔

یہ ایک تلخ حقیقت ہے کہ ان کو زمانہ کی ناقدری کا نشانہ بننا پڑا۔ وہ آزاد فکر اور روشن طبع شاعر تھے۔ ان پر جہالت اور تعصب نے ہر طرح کے وار کیے اور جاننے والے جانتے ہیں کہ ان کے سینے میں زخم ناسور بن چکے تھے مگر جب بھی درد شعر میں ڈھل کر آیا ہے تو وہ مردانہ وار حالات سے مقابلہ کرنے والا جنون بن کے آیا

ہے۔ ایسی بلند شخصیت کے کتنے لوگ ہیں، جو اپنے خیالات اور نظریات کے لیے سخت سے سخت سزائیں برداشت کرلیتے ہیں اور پوری زندگی غم واندوہ میں گزارنے کے باوجود اپنے کلام میں مزاح کی چاشنی، طنز کی نشتریت، لب ولہجہ کا وقار، مضامین کی بلندی اور زبان وبیان کی قدرت کا اظہار کرتے ہیں۔

یگانہ آرٹ وہ آئینہ ہے جس میں ایک بلند شخصیت کے شاعر کی تنہا جدوجہد کی پوری داستان چھپی ہے اور آج بھی وہ حیرت سے ہماری طرف دیکھ رہاہے، کیونکہ ابھی تک لوگوں نے ان کو نظر انداز کیاہے۔ یہ سلسلہ کب تک جاری رہے گا کوئی کیا جانے۔ مگر میں اتنا ضرور کہنا چاہتاہوں کہ قدر شناس نظروں نے ان کے کلام کو پہچان لیاہے اور بہت جلد اردو ادب کا نیامؤرخ بھی ان کو وہ بلند مقام عطا کرے گا جس کے وہ مستحق تھے۔

***

باقر مہدی کے دیگر اہم تنقیدی مضامین

تنقیدی کشمکش

مصنف : باقر مہدی

بین الاقوامی ایڈیشن جلد منظر عام پر آ رہا ہے